Amor en la WEB

Lola Rubio

AMOR EN LA WEB

Cómo encontrar pareja en Internet
y CONECTAR con nuevos amigos

OCEANO AMBAR

A Paco

*«Andábamos sin buscarnos,
pero sabiendo que andábamos
para encontrarnos»*

JULIO CORTÁZAR

Índice

Buscando a la media naranja

La soltería, ¿un estado pasajero?

Uno de los hechos más significativos que se han venido produciendo en nuestra sociedad durante los últimos años es que las relaciones entre hombres y mujeres, el concepto tradicional de la familia, la idea de individuo y la percepción que se tiene de la soltería están cambiando a velocidades vertiginosas. No hace mucho aún se empleaban expresiones como: «se va a quedar para vestir santos» o «es un solterón empedernido», pues el hecho de estar soltero se consideraba un problema, o algo que no estaba bien visto. Ser soltero era sinónimo de ser un poco raro, una persona con dificultades para relacionarse a nivel emocional con los demás, de ser incapaz de participar en el juego de la seducción. Actualmente, en muchos países occidentales el índice de soltería es cada vez más alto a edades relativamente avanzadas, y eso es algo que no debe pasarse por alto con ligereza, pues afecta de manera considerable el funcionamiento de la sociedad. En muchos casos, el porcentaje de solteros aumenta debido a lo difícil que resulta encontrar tiempo para buscar la pareja deseada, pero también se encuentran cada vez más casos de solteros y solteras que deciden serlo de forma voluntaria, personas para quienes la soltería es una opción de vida totalmente asumida.

Sin embargo, cuando se rasca un poco en las opiniones generales de la gente de la calle, de distintas edades, distintas procedencias y distintos niveles socio-culturales, por lo general parece que la vida en soledad es algo que se lleva bastante mal. Los solteros suelen estar de acuerdo con la idea de que su estado ideal y más anhelado es el de estar abiertos al enamoramiento y a la posibilidad de entablar una relación sentimental. Y estudios específicos sobre el tema nos dicen que en el 79 por ciento de los casos, los solteros, separados, viudos o divorciados españoles de entre 25 y 65 años buscan pareja estable y duradera de manera activa. Según recogen las encuestas y los sondeos de opinión, las personas solas desean conocer a otras personas, salir y abrirse a nuevas experiencias y nuevos estímulos provocados por individuos del sexo opuesto o del mismo, según sea la elección u orientación sexual de cada cual. Una actitud de optimismo y buen humor en estos menesteres, junto a una ausencia real de necesidades emocionales, parecen ser el caldo de cultivo propicio para que surja la oportunidad de una relación sentimental. Si estamos tranquilos y equilibrados emocionalmente, será más fácil que nos crucemos con alguien interesante que encienda la chispa del amor y del deseo, algo a lo que difícilmente nos negaremos en el momento en que ocurra. Pero también parece que para encontrar a la media naranja, a la persona ideal con quien crecer, compartir un proyecto vital y evolucionar como individuo, es necesario que el interesado ponga algo de su parte, encuentre motivación y esté dispuesto a dedicar cierto tiempo y energía a ello.

Internet nos acerca

Actualmente, Internet se ha convertido en un medio de comunicación que está revolucionando al mundo entero, pues entre muchas otras cosas tiene la capacidad de acercar en tiempo real a personas que en algunos casos viven a millares de kilómetros de distancia, permitiendo además que gentes que muy difícilmente se hubieran cruzado los buenos días, incluso viviendo en la misma ciudad, tengan la capacidad de conectarse, comunicarse, compartir pensamientos y sentimientos y abrirse a otras realidades. En cierta manera, Internet se ha convertido en un lugar común y sin fronteras donde el variado espectro de la humanidad puede ponerse en contacto para lo que le plazca.

Entre muchos otros, uno de los usos que se está dando a Internet es la posibilidad de conocer a personas para tener relaciones emocionales y sentimentales, y en la actualidad existen muchos portales con distintos servicios destinados a ofrecer esta oportunidad a hombres y mujeres de todas las edades y de todo el planeta, cada cual con su particularidad y su especificidad, sus gustos, sus aficiones, sus anhelos y deseos, su inclinación sexual, sus objetivos vitales, etc. Quizá sea algo pronto para entender las implicaciones que tiene este fenómeno en la evolución de las sociedades actuales, pero seguramente poco a poco iremos viendo cambios que tendrán implicaciones en nuestro día a día, en nuestra realidad, pues no será tan extraño, como está empezando a serlo ya en algunos países, encontrar matrimonios mixtos de razas, culturas y países distintos que se han conocido a través de la red mundial y que viven su encuentro amoroso y su historia de amor como algo extraordinario y maravilloso.

Además, otro de los factores a tener en cuenta acerca de las ventajas de este nuevo medio es que estamos viviendo en un mundo en el que disponemos cada vez de menos tiempo para relacionarnos con otras personas y ampliar nuestro círculo de amistades, el ambiente más inmediato en el cual se puede dar la ocasión de conocer a aquella persona especial con la que nos apetecería entablar una relación de pareja. Por un lado, las jornadas laborales se alargan y el nivel de estrés que hay en los puestos de trabajo hacen que cuando disponemos de tiempo libre, solemos dedicarlo a descansar y a ocuparnos de nuestro hogar y de nuestro entorno familiar y afectivo más cercano. No siempre apetece salir de copas o a bailar con la predisposición de conocer a alguien. Por otro lado, el coste de la vida es cada vez mayor y la precariedad que hay a tantos niveles nos impide en muchas ocasiones dedicarnos a las cosas que nos gustan, como salir a cenar, de fiesta, asistir a espectáculos o practicar actividades en las que podríamos conocer a gente afín. Y luego, en según qué franjas de edades, y sobre todo a partir de los 30 años, ocurre que en los círculos de amistades se establecen las parejas, luego éstas suelen tener hijos y obviamente cambian el ritmo de vida, con lo cual resulta cada vez más complicado conocer a gente nueva a través del círculo social más cercano, pues la dinámica de las relaciones sociales se transforma. Y también nos encontramos con que las personas de más edad cambian su estado civil, porque se divorcian o enviudan, y encuentran verdaderas dificultades para ampliar su entorno social y de amistades.

Por todo ello, en el tipo de sociedad que tenemos en los países occidentales desarrollados, parece que Internet se ha convertido en una buena solución para salir del aislamiento y tener acceso a otras personas que se puedan encontrar en nuestra misma situación. Contrariamente a la idea que se tiene en muchas ocasiones de que Internet en realidad aísla a la humanidad, bien utilizado puede ser un excelente medio para contactar con personas que uno jamás habría tenido la oportunidad de conocer, ya sean de nuestra misma ciudad o de lugares lejanos, y que, sin embargo, gracias a la red pueden convertirse en personas de nuestros afectos o incluso compañeros sentimentales para toda una vida.

Los malos vicios de Internet

Sin embargo, el uso de Internet con el objetivo de encontrar una persona idónea con la que entablar una relación interpersonal entraña también una serie de «peligros» o inconvenientes que no debemos obviar. En primer lugar, ese acercamiento a la otra persona, si no se hace con sumo cuidado, hace que se la cosifique, es decir, que en vez de verla como un individuo dotado de emociones, sentimientos, pasiones, miedos y una historia, la vemos únicamente como un objeto de consumo y de deseo que debe cumplir una serie de funciones en nuestra vida, como rellenar las carencias de cualquier tipo que podamos tener. Existe el riesgo de convertir a la persona que hay al otro lado de la pantalla en una imagen en el espejo, la imagen de uno mismo, el resultado de todas las proyecciones de las necesidades de cada uno, o una imagen que representa lo que debería ser la persona ideal junto a la cual tener una vida feliz. Ese acercamiento al otro implica que se deje de ver a la otra persona por lo que es, como es, con todas sus particularidades, virtudes y defectos. Y esto a la larga puede generar falsas expectativas y muchas frustraciones para ambas partes, además de una considerable pérdida de tiempo y de energía personal.

Por otro lado, algo que no se suele tener en cuenta es que todas aquellas dificultades que podemos encontrar para entablar relaciones sentimentales en la vida real no se solucionan buscándolas e intentando tenerlas a través de un medio virtual. Es decir, que si una persona no es capaz o tiene verdaderas dificultades para entablar relaciones emocionales en su propia ciudad, en su marco de actividad más cercano, difícilmente podrá entablar una relación verdaderamente plena y placentera con una persona que vive en la otra punta del mundo, por mucho que el medio virtual pueda, como hace a menudo, disfrazar o disimular las distancias reales que suele haber entre los individuos.

Otro riesgo que comporta el mal uso de este nuevo medio es que resulta muy fácil mostrar la mejor faceta de uno mismo, o resulta muy tentador crearse un personaje que poco o nada tiene que ver con lo que uno realmente es. Normalmente en nuestro contacto con los demás tendemos a mostrar siempre la mejor cara de nosotros mismos, pues es la manera que tenemos de esconder todas aquellas cosas que no nos gustan de nosotros, porque nos crean conflictos, incomodidad o malestar. El medio virtual facilita y a menudo potencia esa actitud, por el hecho de que el contacto se establece a través de una pantalla. Como, además, el contacto en muchas ocasiones no es totalmente inmediato ni en tiempo real, nos permite pensar lo que vamos a expresar al otro, nos permite borrar y corregir el mensaje, es decir, no es totalmente espontáneo; tenemos la posibilidad y la facilidad de matizar nuestra comunicación en función de la puesta en escena del otro, que, a su vez, puede estar haciendo lo mismo. Con lo cual la comunicación puede llegar a desvirtuarse, no se produce una conexión sincera y verdadera entre los dos interlocutores, y éstos pueden llegar a perderse a sí mismos y por extensión al otro.

Algo que bien empleado puede ser una maravillosa herramienta para expresarle al otro verdaderamente la persona que somos, se convierte a veces en un arma de doble filo, y se crean situaciones en las que se puede llegar a desvirtuar la situación real y verdadera del individuo. Como se dice comúnmente, podemos llegar a creernos nuestras propias mentiras y a formarnos un personaje en función de la situación virtual, pero que no se parece nada, o poco, a la persona que está detrás de la pantalla, que tiene una vida concreta, con sus insatisfacciones, miserias y grandezas, verdades y mentiras, manías, etc. En la red resulta muy tentador parapetarse tras un personaje, aquél que no nos atrevemos a ser en la vida real.

A pesar de todas estas consideraciones, Internet es un medio de comunicación revolucionario, y bien empleado puede ser de gran utilidad en la vida actual, incluso para abrir o ampliar nuestro terreno de búsqueda emocional y sentimental. Basta con tener en cuenta todo lo anteriormente expuesto, ser conscientes de ello y seguir algunas indicaciones o consejos muy básicos, que no son mucho más que la aplicación del sentido común. Es decir, a pesar de tratarse de un medio nuevo, virtual, hay ciertas cosas en cuanto el acercamiento al otro desde un punto de vista sentimental que tampoco son tan distintas a las que se deben seguir en el mundo real. Por otro lado, existen ciertas reglas de oro a tener en cuenta, como veremos a continuación.

Amor a la carta

Para todos los gustos

Actualmente, vivimos en una sociedad de consumo en la que hay de todo y para todos los gustos. Sea lo que sea lo que se quiera y como se quiera, se puede encontrar. Tan sólo hay que buscar, y en algún lugar lo tendrán a disposición del interesado. En este sentido, Internet, además de un medio de comunicación muy potente, es un gran mercado repleto de información de todo tipo, de servicios que se han trasladado a la red y de productos de la más amplia variedad. Y también, es un lugar al que se conectan personas distintas y de cualquier procedencia, con distintas motivaciones y con distintas expectativas.

Todo aquél que entre en uno de los tantísimos portales de encuentros que existen por toda la red y en todos los países, encontrará a su disposición una potente herramienta que le da la posibilidad de ponerse en contacto con muchísimas personas. Y realizando búsquedas exhaustivas, puede llegar a encontrarse a personas que prácticamente cumplan con los parámetros adecuados a sus deseos. En este sentido, si se desea encontrar pareja hay donde elegir: además de que cada vez son más las personas que se conectan a este medio con la intención de conocer a gente nueva, como se puede ver en los números de usuarios conectados que aparecen anunciados en las cabeceras de los portales, se puede probar con la herramienta de búsqueda, que permite acotar los resultados en función de los gustos y deseos de cada cual.

Portales de encuentros: la historia hasta hoy

Antes de que existieran este tipo de portales, que son la última tendencia para contactar a gente por Internet, existían portales generalistas con información y servicios o páginas web de contenido específico, también llamadas páginas web temáticas, en las que los usuarios solían ponerse en contacto a través de herramientas de chat, foros de discusión y listas de distribución, y después de una búsqueda inicial de información, existía la posibilidad de ponerse en comunicación con otras personas a partir de unos intereses comunes. Las «relaciones» internautas empezaban entablándose a través del correo electrónico y su razón de ser era algún tema en común, aunque eso luego pudiera derivar en otras razones y motivaciones para mantener el contacto. Poco a poco, con la aparición de los chats, como los canales de IRC e IRC hispano, y de las aplicaciones que permiten mantener conversaciones por Internet en tiempo real, como ICQ o los Messenger de MSN y Yahoo, los usuarios empezaron a mantener una comunicación por la red mucho más inmediata que la que permite el correo electrónico, que ya en sí fue una revolución respecto a lo que había sido la correspondencia epistolar de toda la vida, reduciendo el tiempo de espera de los mensajes y abaratando los costes en comunicación.

Poco a poco, al ver que el fenómeno de los contactos a través de Internet prosperaba, empezaron a aparecer portales cuya finalidad era únicamente conectar a personas con interés por entablar relaciones afectivas, emocionales y sentimentales de distinta índole, o directamente para buscar sexo. Como en muchas otras cosas, el país precursor de este tipo de servicios fue Estados Unidos. Por el estilo de vida anglosajón, parecía que tenía mucho sentido que personas de estados lejanos pudieran ponerse en contacto y ampliar así su red social. Poco a poco, tras el éxito americano, el fenómeno de los contactos a través de Internet fue llegando a Europa, y en países como el Reino Unido o Francia se crearon los primeros portales para buscar pareja, como el portal francés «meetic», que tuvo tanto éxito en ese país que empezó a abrir portales en otros países europeos, entre los que, por supuesto, se encuentra España.

En la actualidad, los internautas disponen de infinidad de portales especializados en la búsqueda de pareja, de nuevas amistades, de sexo, así como otras páginas web con servicios específicos para conectar a personas con intereses comunes. Por lo tanto, la oferta es variada y las posibilidades, amplias. En la mayor parte de ellos es necesario pagar una cantidad para disfrutar de los servicios, pero si se hace el ejercicio de calcular lo que podemos gastar cuando salimos una noche de copas, resulta fácil darse cuenta de que la inversión merece la pena.

Tampoco hay que olvidar que, como ocurre con cualquier actividad, la búsqueda de pareja por Internet requiere energía, entusiasmo y dedicación. Los contactos no llegan caídos del cielo, sino que hay que dedicar tiempo a buscar, leer perfiles, escribir mensajes de contacto y responderlos, siempre de personas que son mucho más de lo que puede plasmar una ficha en Internet y con las que la comunicación puede no ser siempre fácil desde el principio. Sin embargo, siguiendo algunas indicaciones o consejos muy básicos, existen bastantes posibilidades de encontrar a la persona deseada. Al menos, así nos lo han contado algunos testimonios, como veremos más adelante.

La oferta en España

En nuestro país, los principales portales de encuentros tienen una media de 20.000 personas conectadas en tiempo real a cualquier hora. En ocasiones son 18.000, en otras ocasiones son 25.000, pero si una persona tiene verdadero interés en ponerse en contacto con gente para ampliar su círculo o para encontrar una pareja sentimental, sin duda alguna los portales son excelentes lugares por donde empezar la búsqueda, pues hay altas posibilidades de conocer a alguien. Basta con tener un ordenador, conexión a Internet y tiempo.

Ponle amor a tu vida con match.com. «El match», como suelen llamarlo todos aquellos usuarios que lo frecuentan, es en estos momentos uno de los principales portales de contactos en España, con presencia también en numerosos países de Europa, y con más de 10 años de experiencia haciendo posible que personas de distintas procedencias se relacionen desde un punto de vista sentimental, avalado por miles de casos de éxito. Actualmente, cuentan con más de un millón de suscriptores de pago y quince millones de usuarios activos en el mundo. Datos internos de la empresa demuestran que en torno a 200.000 personas encuentran a la persona que están buscando en match.com, y cada mes reciben noticias de más de 200 anuncios de boda o compromiso de actuales o antiguos usuarios. En España, hay más de 2.200.000 usuarios registrados y 600.000 perfiles activos. El objetivo de este portal de encuentros es poner en contacto a millones de personas que están buscando algo más en sus vidas y conseguir que entre ellas fructifiquen relaciones de éxito y emocionalmente gratificantes, basadas en la confianza, la sinceridad y el respeto mutuo.

Match.com describe su servicio como «la manera más popular del mundo de encontrar a esa persona especial», y se ha podido comprobar que han originado el doble de matrimonios que cualquier otra página web del mundo. Otro de sus argumentos de venta es que, sólo durante el año pasado, 200.000 personas conocieron en match.com a la persona que estaban buscando. Y también ofrecen un servicio muy económico si se compara con lo que se puede gastar en una noche saliendo de fiesta o yendo al cine, animando al posible interesado a que destine ese dinero a buscar un amor de verdad.

NAVEGA

La experiencia en el match empieza navegando desde la página de inicio, de forma gratuita, por las fichas de más de 8 millones de usuarios. Basta con indicar unos parámetros de búsqueda –sexo del interesado y de la persona que se busca, edad y provincia– y hacer clic en «Búsqueda». En los resultados verás una lista de fichas o perfiles que se pueden ordenar según distintos criterios: los que están en línea en ese instante, los perfiles más nuevos, los que tienen foto, por edad, o por el nombre de usuario. Es difícil que no haya alguno que te llame la atención. Normalmente, suele ser la foto la que anima a visitar un perfil determinado. Una vez dentro, se encuentra información acerca de la persona, pero para ello es necesario registrarse en el portal.

CREA TU PERFIL DE FORMA GRATUITA

Éste es el siguiente paso. Si deseas seguir navegando y visitando las fichas de otros usuarios, debes inscribirte y crear un perfil. Además de ser gratuito, es un proceso que se realiza en pocos minutos y que, gracias a la lógica de pantallas y a las indicaciones que irás recibiendo en todo momento, resulta bastante fácil de seguir. Para ello basta con que tengas una dirección válida de correo electrónico y que vayas introduciendo la información que te irán pidiendo en las distintas casillas y campos que ponen a tu disposición. Además, una vez tengas tu perfil introducido en el match, puedes recibir de forma gratuita en tu cuenta de correo mensajes de aviso con los perfiles que más se ajustan a la persona que estás buscando, y enviar fotos y besos virtuales, que es la manera perfecta de romper el hielo y picar la curiosidad de la otra persona.

SUSCRÍBETE Y ENCUENTRA A TU PAREJA

Para poder tener total acceso a otras personas inscritas en match.com y poder comunicarse con ellas a través del correo de forma anónima, tendrás que formalizar una suscripción con la cual dispondrás de tu propia dirección de correo electrónico en el match y podrás comunicar con cualquier persona en cualquier momento de forma segura y privada. Por lo demás, existen varios paquetes de suscripción cuyo precio varía según el tiempo (1, 3 o 6 meses) y la opción de pago (mensual, en un único pago). Y, además, temporalmente tienen distintas ofertas con el objetivo de animar a los nuevos usuarios a apuntarse y probar la experiencia. Los pagos únicamente se pueden realizar con tarjeta de crédito.

Meetic.es: All you need is love. Creado en el año 2002 y actualmente bajo el lema de «todo lo que necesitas es amor», meetic se define como el número 1 de los portales de encuentros en Europa, y tiene presencia en España, Alemania, Austria, Bélgica, Dinamarca, Francia, Italia, Luxemburgo, Países Bajos, Portugal, Reino Unido, Suecia y Suiza. Además, ofrecen un portal específico para Asia y otro para contactos internacionales.

En su página web afirman que varios millones de europeos ya se han inscrito en este portal de contactos. Concretamente, trece millones de usuarios que han probado sus servicios destinados a encontrar pareja, convirtiéndolo en el primero en Europa y uno de los mayores del mundo. Si lo que buscas es un encuentro agradable, ya sea en tu ciudad o en tu barrio, o sin importarte la distancia, meetic te permitirá encontrar a personas que comparten el mismo afán y deseo de tener éxito en sus encuentros.

Entre sus valores diferenciales señalan la seguridad, ofreciendo un equipo de una treintena de moderadores de seis nacionalidades diferentes al cargo del control de los perfiles, de las fotos y de los anuncios. Otro valor es la confidencialidad, garantizando que ninguno de los datos personales esté visible, pues toda la comunicación entre los usuarios se establece a través de un apodo, y no se utiliza nunca el correo electrónico personal para comunicar con otros miembros. Y, finalmente, la calidad, pues es un portal de encuentros que ha sido reconocido como uno de los lugares de encuentros más eficientes del mundo, por parte de otros portales, cadenas de televisión y prensa. Además, ofrece una serie de herramientas gracias a las cuales el usuario podrá encontrar rápidamente a las personas que más se acerquen a lo que busca, entrar en contacto con ellas y conversar de la forma más sencilla. Para comprobar que el sistema realmente funciona, en el mismo portal pueden leerse testimonios de miembros que han decidido contar su historia.

LAS VENTAJAS DE SER USUARIO

La inscripción en meetic es completamente gratuita y se realiza siguiendo un sencillo proceso en el que, mediante unas pantallas, el sistema solicita un apodo y una contraseña, además de la edad, el lugar de residencia y una cuenta de correo electrónico válida, y luego va haciendo preguntas con el objetivo de crear una ficha o perfil con tus características principales, además del perfil de la persona que se está buscando. También existe la posibilidad de incluir una foto personal y un anuncio de presentación, e incluso un anuncio de voz, mediante el cual otros miembros pueden oír la voz del usuario. Lo que recomiendan es que cuanto más completo sea el perfil y más detallada sea la búsqueda, más posibilidades tendrás de encontrar a tu media naranja.

Una vez estés registrado, accederás a una página personal en la que se puede ver el conjunto de servicios que ofrece meetic. Desde allí puedes leer los mensajes de correo meetic que te envían otros usuarios, modificar tu perfil si lo deseas, consultar tu lista de amigos, revisar el estado de tu cuenta, supervisar las estadísticas de tu perfil, en las que se indica cuántas visitas has recibido en tu página y de quién, cuántos mensajes te han enviado, cuántos chats personales te han abierto, cuántos y qué usuarios han sentido un flechazo por ti, etc. También están disponibles distintos módulos de búsqueda con los cuales se pueden consultar perfiles y visitar las páginas de los usuarios que en ese momento se encuentren en línea. Además, actualmente tienen también el «meetshake» o «meet cóctel», un software exclusivo de cálculo de afinidades que produce una lista con los miembros que corresponden a la búsqueda que se está realizando.

Sin embargo, hay que tener en cuenta que el servicio que ofrece meetic es de pago, sobre todo para los hombres, quienes deben pagar par poder consultar la información de los perfiles femeninos y la posibilidad de ponerse en contacto con las mujeres que les interesen. Las mujeres pueden visualizar de forma gratuita prácticamente toda la información disponible de las fichas de los hombres, excepto los criterios de búsqueda, y pueden ponerse en contacto con ellos a través del correo electrónico de meetic, del chat personal o enviando un flechazo.

Muchpeople.com: Love is all around. Aprovechando el momento de auge que atraviesa el sector de los solteros, o «singles», acunando el término norteamericano que define a las personas que viven solas y no tienen pareja, en abril de 2005 apareció «muchpeople.com», con el objetivo empresarial de dar servicio a los cerca de 6 millones de solteros que hay actualmente en España, de los cuales un 70 por ciento está compuesto por mujeres. No es la única empresa, como hemos visto, que ha sabido hacer negocio de una realidad palpable, dedicándose a ofrecer productos a los solteros. No obstante, a diferencia de otros portales, éste es totalmente español. Este portal de encuentros y relaciones personales cuenta desde su inauguración con más 76.000 usuarios activos en España, con edades comprendidas entre los 18 y los 70 años. De ellos, el 50 por ciento tiene entre 18 y 30 años, y su principal motivación para entrar en el portal es ligar y conocer a gente nueva para salir de marcha. El 35 por ciento tiene entre 31 y 45 años, y el 10 por ciento entre 46 y 75 años; los que se conectan en esas franjas de edad lo hacen porque están buscando una persona con la que compartir su vida.

UN SERVICIO INNOVADOR: EL MUCHPHONE

Entre los servicios que se ofrecen a través del portal, hay un servicio de chat, correo electrónico interno y perfiles muy completos de los usuarios, en los que se puede consultar el aspecto general de la persona, y ver su anuncio personal además de las fotos. Pero además de los servicios básicos, acaban de presentar un servicio innovador denominado MuchPhone, un teléfono virtual para que los usuarios puedan ponerse en contacto entre ellos, con total confidencialidad, sin tener que dar el número de teléfono privado a desconocidos, con la posibilidad de activarlo y desactivarlo cuando se quiera.

INSCRIPCIÓN GRATUITA

Como en otros portales de contactos, el proceso de inscripción es gratuito y muy fácil de realizar. Basta con escoger un nombre de usuario que aún no esté en la base de datos del sistema y que por seguridad debe ser preferiblemente en forma de nick o pseudónimo en vez del nombre completo, y dar de alta un perfil rellenando una serie de campos que el sistema facilita mediante un formulario de inscripción. Posteriormente, el perfil se puede modificar tantas veces como sea necesario y de forma totalmente gratuita. Pero para entrar en contacto y responder a otros usuarios, será necesario comprar uno o más abonos.

El sistema permite mantener también un listado con los perfiles favoritos y los perfiles contactados, además de recibir correos electrónicos gratuitos, que llegan con el asunto «Localizador de pareja» y que informan de los nuevos usuarios que se ajustan a los criterios de búsqueda previamente introducidos. Además, el portal envía un *newsletter* con consejos, informando de las nuevas funcionalidades que va incorporando, de los nuevos servicios y de las ofertas especiales.

PÁGINA PRINCIPAL

Al acceder con tu nombre de usuario y contraseña, se abrirá tu página personal, desde donde tienes acceso a todos los servicios del portal y donde se muestra tu identificación de usuario y tus paquetes de suscripción, además de información sobre servicios adicionales. Esta página contiene además enlaces para crear o modificar tu perfil, los datos de suscripción y mucho más. También puedes consultar la actividad que hay en tu cuenta: si una persona quiere chatear contigo, si hay miembros de tu lista de amigos que están conectados al mismo tiempo, la última persona con quien hablaste por el chat, la última persona que te escribió un correo, la última persona que visitó tu página, o la última persona que sintió un flechazo por ti. A través de las estadísticas puedes acceder a todo tu historial de contactos. Además, el portal guarda en la memoria a todos los miembros que te gustan, puedes crear una relación de amigos con otros miembros que lo acepten, y el servicio te avisa cuando se conectan al mismo tiempo que tú, además de poner a tu disposición una lista negra en la que podrás ir colocando a los que no quieras que te contacten.

LA IMPORTANCIA DEL PERFIL

La importancia de completar tu perfil es relevante a la hora de conseguir tus objetivos, y por eso es recomendable que completes al máximo tus datos para que la persona que te busque pueda conocerte de forma más detallada. Por otro lado, como ya hemos visto, hay que tener en cuenta que la inserción de fotos multiplica considerablemente las posibilidades de que otros usuarios se pongan en contacto contigo. Para que te aprueben el perfil, debes escoger una foto en la que estés bien visible y no sea una caricatura o un dibujo. Además, no puede ser una foto obscena o que ofenda, pues en ese caso los responsables del servicio descartarán inmediatamente tu perfil.

También es muy importante tu anuncio personal, que podrás incluir gracias a un cuadro de texto donde podrás describirte, decir lo que buscas o hablar de lo que quieras. Pero debes tener en cuenta que este cuadro también será revisado y aprobado antes de ser publicado, por lo que cualquier palabra o frase que pueda ofender llevará a la anulación del texto.

LA BÚSQUEDA

Se puede realizar desde la sección de búsqueda, donde podrás elegir los parámetros más completos para encontrar a la persona que estás buscando. Pero también existe la opción de hacer una búsqueda rápida, en la que únicamente deberás seleccionar tres parámetros, o la búsqueda instantánea, con la que con sólo un parámetro podrás encontrar gente a tu medida. Es aconsejable dedicar cierto tiempo a leer bien los perfiles para asegurarse de que las descripciones se ajustan a lo que estás buscando, aunque para ello deberás cumplimentar un pago por el servicio, que puede ser un pago por consumo mediante créditos, con un abono o por minutos.

Una vez hayas encontrado a personas que te parezca que encajan contigo, el siguiente paso es ponerte en contacto con ellas, y para ello el portal ofrece varias opciones, todas ellas también de pago: a través del correo electrónico, mediante el cual puedes enviar y recibir mensajes sin necesidad de que el usuario este en línea en ese momento, o a través del chat, gracias al cual podrás hablar en directo con los usuarios que estén en línea al mismo tiempo que tú, con la opción de mantener una conversación uno a uno, lo cual permite conocerse más en profundidad. Otra posibilidad es enviar un flechazo a la persona que te gusta; con esto le demostrarás interés y le darás la oportunidad de ponerse en contacto contigo.

Parship.es: Enamórate ahora y para siempre. Este portal de encuentros tiene como principio y razón de ser ayudarte a encontrar el amor de tu vida. Los creadores de este portal se basan en la premisa de que la atracción física mutua y compartir ciertos gustos no son elementos suficientes para que una relación sentimental funcione. Estudios serios sobre las relaciones personales llevados a cabo por prestigiosos psicólogos han permitido demostrar que lo que realmente importa y une a las personas a un nivel más profundo son los valores, la actitud y la personalidad. Afirman que en ese campo es donde se puede ver si dos personas son verdaderamente compatibles.

EL TEST DE PERSONALIDAD

Por esta razón, parship se desmarca del resto de los portales españoles, ofreciendo un servicio de búsqueda de pareja basado en los principios de un excelente test de personalidad, gracias al cual se puede acelerar el proceso de conocer a la persona idónea. Este test integra técnicas realmente sofisticadas que permiten que un miembro encuentre a otro con una eficacia inigualable. El objetivo último es conseguir que cada usuario del portal entre en contacto con personas que realmente podrían ser su pareja perfecta. El test se puede hacer en el mismo portal y realiza un análisis preciso de los aspectos de la personalidad que realmente son decisivos para el éxito de una relación. Concretamente, estudia las 30 variables de la personalidad que influyen de forma directa en una relación. Está compuesto por secuencias de preguntas, situaciones hipotéticas e imágenes, y con las respuestas se crea un perfil muy preciso, algo que va mucho más allá que una simple autoevaluación.

ÉXITO ASEGURADO

La filosofía de este portal de encuentros es no dejar la búsqueda de pareja y del amor de tu vida al azar, y se diferencia de los demás portales porque ha incorporado un elemento científico en la búsqueda de pareja. Gracias al test ofrece una búsqueda exhaustiva de aquellos perfiles que presentan afinidades con el tuyo. El test te ayuda a hacerte una idea de cómo se estructura y forma tu personalidad, te da unas pautas del tipo de personalidad que debería caracterizar a tu pareja y te indica la manera de tener éxito en el mundo de las relaciones personales y de pareja. Tras hacerlo, puedes ver un resumen detallado sobre tu perfil de personalidad, y si eres un miembro *premium* también tienes la oportunidad de acceder a un análisis completo a través de un informe que el sistema te facilita, y gracias al cual puedes establecer las pautas para la búsqueda de tu pareja ideal.

CÓMO FUNCIONA

Antes de hacer el test de personalidad es necesario que te registres gratuitamente en el portal, para lo cual debes escoger un nombre de usuario y una contraseña. De esta manera, tienes acceso seguro a tu área personal y protegida, y se te garantiza que sólo los miembros del portal pueden ver tu perfil. El sistema asegura la confidencialidad y el anonimato de cualquier perfil, y para ello se genera un código identificativo y anónimo que en cualquier momento puedes cambiar por un nombre personal si lo prefieres. Por lo mismo, nadie tiene acceso a tu dirección de correo electrónico, pues se usa el sistema de correo electrónico interno del portal.

Tras realizar el test, puedes descubrir más a fondo tu personalidad accediendo gratuitamente al apartado de resultados. En ese mismo lugar se te facilitan las propuestas de pareja más compatibles contigo, aquéllas con mayores perspectivas para una relación verdadera. Por lo demás, la búsqueda se realiza según ciertos criterios, como la edad, la altura, la ciudad o el país de residencia, entre otros, que en cualquier momento se pueden cambiar. Y tienes total libertad para escoger a quién deseas contactar y la forma de establecer el contacto.

La flecha
de Cupido

Por extraño que pueda parecer, es posible vivir una historia de amor por Internet y se puede encontrar a la media naranja, como demuestra la existencia de casos reales de parejas que se han conocido a través de este medio, se han casado y han acabado formando incluso una familia. Pero, a excepción de situaciones contadas en las que dos personas se cruzan por casualidad, por ejemplo, en un chat, y se produce una conexión realmente especial e instantánea que genera la explosiva química del amor, por norma general, para encontrar y construir una relación de complicidad, sintonía y amor verdadero en Internet, suele ser necesario estar predispuesto a ello y destinar bastante tiempo y energía.

Quizá lo más importante sea tener una actitud abierta y activa, sin prejuicios ni ideas preconcebidas acerca de este medio, estar dispuesto a hacer algunos esfuerzos y no tirar la toalla enseguida, en el caso de que los resultados no se produzcan a la velocidad que se querría. Por otro lado, hay que saber también sacar el mejor partido de los portales de encuentros y otros servicios que hay en la red para la búsqueda de pareja: es vital entender bien cómo funcionan para sacar el mejor partido de los servicios que ofrecen y conocer también ciertos trucos que ahora te daremos y que tienen que ver con el sentido común.

La búsqueda

Para buscar pareja en el mundo virtual es aconsejable seguir más o menos los mismos pasos que cuando se busca pareja en el mundo real, pues, en realidad, a pesar de sus particularidades, Internet es un medio más. La diferencia que hay entre buscar y conocer gente en un bar, una discoteca o una salida al campo con amigos, a conocer a alguien a través de Internet, es la oferta y la posibilidad de acceder a mucha gente distinta y de distintos lugares. En núcleos urbanos grandes quizá no sea tan complicado contactar con gente nueva, o en cualquier caso lo es menos que si se vive en una ciudad pequeña o un pueblo, donde las posibilidades de ver caras nuevas son mucho más reducidas. Por ello, Internet se ha convertido en una buena solución para abrirse al mundo.

En los portales, la oferta de perfiles es realmente muy amplia, pues hay gente registrada de todas las procedencias imaginables, de todas las edades, de distintos países, y con intereses y aficiones muy dispares. Con lo cual, encontrar a aquella persona especial con la que compartir una aventura, romance o relación duradera, puede parecer de entrada una tarea bastante compleja y difícil, tanto como encontrar una aguja en un pajar. Pero, en ningún caso, es imposible, y, como todo, requiere cierta dedicación y motivación. Para empezar, no hay que abrumarse con tanta oferta ni ponerse nervioso. Y luego, conviene seguir unos consejos muy básicos, como vamos a ver.

Ten criterio

Es importante saber discriminar los perfiles que a uno le interesan, pues la primera sensación que se tiene al entrar en un portal de encuentros es la de que hay muchísimas personas conectadas y que muchas de ellas se encuentran en línea en ese momento. Visitar perfiles y ver tantas caras distintas puede resultar divertido al principio, pero al cabo de un tiempo puede llegar a cansar, pues se acaban viendo todas las fichas como si fueran iguales o muy parecidas. Pero no lo son, y aunque sin duda encontrarás muchas repeticiones, siempre hay una persona especial con la que contactar y que puede convertirse en esa persona especial que estás buscando para entablar una relación estable, o para tener un romance o una relación de amistad. No hay que tirar la toalla y hay que perseverar en la búsqueda.

Para empezar, es aconsejable que reflexiones antes sobre lo que es importante para ti de las cosas que dice y de lo que encuentras reflejado en la ficha de la otra persona: si es el aspecto físico o si sólo te interesa su descripción física y personal, el nivel de estudios y la profesión, detalles como si es fumador o fumadora y si bebe regularmente, si ha estado casado a casada, si tiene o si quiere tener hijos, si profesa alguna religión, cuáles son sus aficiones y sus gustos o qué dice en el anuncio personal, etc.

También debes decidir si quieres ponerte en contacto con personas que se encuentren únicamente en tu ciudad o si estás abierto a mantener relaciones con personas que vivan muy lejos de ti, en otras provincias dentro de tu mismo país o incluso en países lejanos, de otros continentes. Eso dependerá también del lugar en el que te encuentres tú. Pero es una manera de evitar perder tiempo y energía en personas a las que quizá nunca llegarás a ver, ahorrándoles a ellas también la dedicación que supone entablar el contacto contigo, y procurando a la vez no generar falsas expectativas.

Sé responsable

Puede ocurrir que recibas muchos mensajes, flechazos, besos virtuales o peticiones de chat por parte de otros usuarios. Lo que se suele hacer es echar un vistazo al perfil del remitente, y, si éste genera suficiente interés, se establece el contacto. En muchos casos, puede que no se sienta ninguna atracción, ante lo cual la mayoría de la gente no suele ni contestar. Lo recomendable es enviar una pequeña nota, aunque sea para decir cariñosamente que no se está por la labor, y expresar los mejores deseos para el remitente. No hay que olvidar que al otro lado, en algún lugar, hay una persona que merece un buen trato, y así al menos no se queda con la duda de no saber a qué atenerse. Es decir, en los portales de encuentros se debe tener una conducta responsable, basada en una ética personal de respeto hacia la otra persona.

En el caso de que acabes concertando una cita, no debes olvidar que con quien has quedado es una persona, que tiene sus circunstancias personales y que probablemente estará nerviosa ante la idea de encontrarse contigo, que no sabes a ciencia cierta cómo reaccionará cuando te vea y de la que tampoco sabes qué expectativas tiene ante la idea de conocerte. Con lo cual, para empezar, es importante que tengas en cuenta todo esto y trates de llevar a buen puerto la cita. Si después te lo piensas dos veces, debes avisar a la otra persona con la máxima antelación posible, para que pueda cambiar sus planes, y no en el último momento o sin presentarte a la cita.

La intuición no falla

El olfato, metafóricamente, es una excelente facultad para moverse por el mundo, y también en Internet conviene estar un poco alerta. A pesar de que pueda parecer un medio bastante frío, no siempre es así, y se puede desarrollar un sexto sentido para percibir situaciones anómalas o extrañas, detectar perfiles que no acaban de cuadrar o mensajes que se contradicen con la información que se desprende de un perfil.

Cuando busques en un portal de encuentros y visites los perfiles de las personas que están registradas, procura no tener prejuicios y abrirte a la información que te están proporcionando. Pero si el aspecto de alguien o algún gesto en la mirada de una foto no te gusta, no continúes. O si al ver las aficiones, gustos o estilo de vida de alguien te das cuenta de que no cuadra con tus gustos, pasa a otro perfil, no te detengas. Y si lo que encuentras en el anuncio personal no te gusta, por la forma de expresarse, porque encuentras faltas de ortografía y eso es importante para ti, o porque te parece que el contenido es aburrido, insulso o sin interés, no pierdas más el tiempo y pasa a otra cosa.

Si por lo que sea, la intuición te dice desde el inicio que no, hazle caso. Muchas veces deseamos que las cosas se produzcan de una manera determinada, y a pesar de haber presentido o intuido algo al principio de la relación, nos empeñamos en seguir, y al cabo del tiempo podemos llegar a encontrarnos con que aquello que fue una intuición inicial puede haberse convertido en la causa de un trágico o infeliz desenlace.

Fiel a ti mismo y con sentido común

Lo ideal es que te comportes a través de este medio como en tu vida real, con tu círculo afectivo más cercano. Es mejor ser natural y espontáneo a crearse un personaje que poco o nada tenga que ver contigo, tratando de gustar o impresionar a la otra persona. Eso es algo que se notará tarde o temprano y que puede volverse en tu contra, además de que te hará perder mucho tiempo y energía.

Por otro lado, tampoco es justo para la persona que se pone en contacto contigo, pues se puede imaginar una cosa que no se corresponde con la realidad y a su vez estará perdiendo el tiempo. Actúa y exprésate con sinceridad, aclarando bien qué buscas y cuáles son tus intenciones en el contacto, y ten en cuenta que lo que tú digas será leído e interpretado por otra persona que también tiene unas expectativas y que, aunque sólo sea virtualmente, puede estar desarrollando un interés o unos sentimientos hacia ti.

En definitiva, y como en muchas otras cosas de la vida, la mejor manera de abordar los encuentros a través de Internet es guiándose básicamente según los dictados del sentido común, que son muy útiles para no meterse en situaciones incómodas ni llevarse sorpresas desagradables.

Cómo se elabora un perfil

El principal inconveniente que tienen los portales de contactos en Internet es que cuando uno se conecta y hace una búsqueda, lo que encuentra en muchas ocasiones son perfiles que se repiten, con anuncios y mensajes en muchas ocasiones similares («soy amigo de mis amigos», «soy bien parecido o, al menos, eso dice mi madre...», «mis amigas me confían sus secretos», «lo que más valoro de las personas es la sinceridad»). Lo que ocurre es que en la mayor parte de los casos, las personas que utilizan este servicio no se toman la molestia de escribir cosas verdaderamente interesantes acerca de sí mismas, ni lo bastante originales para que se las distinga de tantísimos otros perfiles.

Algo distinto y sin mentiras

Para captar la atención de personas que te puedan interesar, es imprescindible que elabores una ficha que se diferencie, en la medida de lo posible, de todas las demás. El hecho de que pongas una buena foto tuya aumentará sin duda las posibilidades de que te visiten, pero también es importante que pienses en lo que realmente quieres expresar sin olvidar cómo lo haces, pues es algo en lo que se suelen fijar los demás, y en muchos casos es el motivo para descartar a alguien, aunque físicamente sientas algún tipo de atracción. Además de rellenar cuidadosamente todos y cada uno de los campos que tienes a tu disposición y que permitirán a los demás hacerse una idea de tu perfil socio-cultural, tu aspecto físico y tus aficiones, si escribes un texto que sea algo diferente y original y lo redactas con cierta gracia, conseguirás que aumenten las visitas.

Es muy recomendable no contar mentiras. Existen muchos casos de mujeres y hombres de cierta edad que, por ejemplo, no indican la edad real que tienen por miedo a sentirse desplazados y «fuera del mercado». El problema de no contar toda la verdad es que, más tarde o más temprano, si el contacto con alguien llega a prosperar y se concierta una cita, la verdad se acabará sabiendo, y resultará obvio que se ha mentido, creándose una situación bastante embarazosa para las dos personas. Es preferible arriesgarse a ser uno mismo y gustar por lo que se es y por cómo se actúa en conjunto.

Trucos para que piquen el anzuelo

Para conseguir que personas afines o que puedan resultar interesantes se pongan en contacto contigo en el medio virtual, y empieces a flirtear hasta conseguir una cita en la vida real, bastará con que sigas unas directrices muy sencillas y, sobre todo, que seas tú mismo o tú misma y no te crees un personaje ideal de cómo te gustaría ser sin que tenga nada que ver contigo.

He aquí algunos trucos imprescindibles para captar la atención de tu media naranja:

Tómate tu tiempo y sé sincero

- **Sin prisas.** No tengas prisa a la hora de elaborar tu ficha. Es preferible dedicar 10 minutos más a rellenar los campos y contar algo interesante que tener una ficha insulsa y vacía por querer correr para colgarla en Internet.

- **Las verdades del barquero.** Rellena todos los campos que tengas a tu disposición con información verídica acerca de tu persona. En la descripción personal no digas mentiras acerca de tu aspecto físico, especifica cuáles son tus hábitos, nivel de estudios y profesión y rellena los campos con tus gustos y tus aficiones con el máximo nivel de precisión.

- **Eres especial.** Aprovecha los espacios en que puedes escribir acerca de ti mismo para contar cosas que describan bien tu manera de ser, tus gustos, tus actitudes en la vida, tus valores y creencias, lo que esperas de una relación de pareja y lo que no quieres de ninguna de las maneras. En una palabra: defínete. Será la forma de que la otra persona sepa si se identifica contigo y lo que la anime a iniciar el contacto. Pero trata de no decir lo mismo que hay en tantas otras fichas, sino algo original, que llame la atención. Eso sí, intentando no caer en bromas fáciles ni en obviedades.

- **Importante: la foto.** Dicen que una imagen vale más que mil palabras, y en este caso es totalmente cierto. Mucha gente descarta fichas que en realidad pueden ser interesantes simplemente porque no llevan foto; sin foto, no existes. Recibirás veinte veces más mensajes si incluyes tu foto personal. Es importante no «contar mentiras» y poner una foto que refleje bien tu aspecto actual, pues, si llegas a concertar una cita, la otra persona puede sentirse defraudada o quedarse con una mala impresión de ti si a quien se encuentra delante no tiene nada o poco que ver con la que aparecía en la foto que vio por Internet. En la foto se debe ver bien tu aspecto, cómo eres, cómo te vistes, algún gesto característico tuyo. La mayor parte de los portales ofrecen la posibilidad de incluir varias fotos: ¡aprovéchala! De esta manera, la persona que visite tu perfil podrá hacerse mejor una idea de cómo eres y de si tiene química contigo. Y si le gustas físicamente y por las cosas que dices, seguramente se pondrá en contacto contigo.

- **Da tú el primer paso.** No tengas reparo en mandar un mensaje a las personas por las que sientas atracción por algún motivo. En realidad, no pierdes nada por intentarlo, la otra persona sabrá que has visto su perfil y podrá visitar el tuyo para comprobar si tiene alguna afinidad contigo. En el caso de que no te conteste, procura no enojarte, pues hay muchas otras personas conectadas que pueden ser igual o más interesantes. No te desanimes y persevera, pues en algún lugar está tu media naranja.

- **Renueva tu ficha.** En algunos portales se puede ver desde cuándo estás apuntado al servicio. Hay usuarios que desconfían de las personas que llevan mucho tiempo apuntadas, porque les parece que tienen dificultades para encontrar pareja o que pueden ser un poco raros. Un truco es dar de baja tu ficha y volver a darte de alta con otro perfil.

- **Y ante todo, disfruta...** Disfruta y pásatelo bien, pues si tienes un buen estado de ánimo te resultará más sencillo estar receptivo y abierto a conocer a nuevas personas, ampliar tu círculo social y encontrar a alguien especial. Si realizas la búsqueda y el acercamiento al otro por Internet de forma lúdica, te lo pasarás mucho mejor que si te pone nervioso no recibir respuestas inmediatas a los mensajes que envías, no recibir besos virtuales ni flechazos, o recibirlos de parte de personas que no te gustan a primera vista. No te olvides de lo importante que es el buen humor y relativizar las cosas; en el fondo, ligar no es más que un juego que tiene unas reglas que hay que seguir.

Mensajes de contacto

Una de las cosas que más frustración produce a la hora de contactar con gente a través de los portales de encuentros en Internet es que, muchas veces, se tiene la sensación de estar lanzando una botella al mar con un mensaje dentro, para cuya elaboración se ha dedicado tiempo y energía, y la respuesta tarda en llegar o, en el peor de los casos, nunca llega.

De alguna manera, esto es un poco inevitable, pues muchas personas se apuntan a un portal porque lo han visto anunciado en algún medio de comunicación o alguien les ha hablado de ello o recomendado, dan de alta su ficha, le dedican unos días motivados por la novedad, y luego se aburren y no dan de baja la ficha, con lo cual ésta sigue estando colgada en Internet, pero en realidad no hay nadie que se ocupe de supervisar los mensajes y menos aún de contestarlos.

También ocurre que muchos usuarios reciben tal cantidad de mensajes que: o bien no tienen tiempo para contestarlos todos, o bien muchas veces el contenido de los mensajes se repite y se encuentran pocos que sean realmente interesantes u originales. Para evitar que no te contesten cuando te pones en contacto con alguien que te parece interesante, es importante que el mensaje que envíes tenga gancho.

A la vez, también puede ser útil tener distintos mensajes creados en función del perfil que estás contactando. Por ejemplo, el contenido del mensaje no será el mismo si se contacta a una persona que vive en la misma ciudad, que si ésta vive a 600 km o al otro lado del planeta. Ni tampoco si lo que se está buscando es una relación estable que si lo que se quiere es un contacto puramente sexual.

Tipos de mensajes

- **Si no te interesa mantener el contacto.** Esto es algo que puede ocurrir con bastante frecuencia, que alguien se ponga en contacto contigo y tras visitar la ficha te des cuenta de que es una persona con la que no te apetece mantener una comunicación y menos aún tener una cita e intimar. En tal caso, como lo cortés no quita lo valiente, lo mejor es escribir un pequeño mensaje de agradecimiento por el interés mostrado por la otra persona, y dejar bien claro que no deseas iniciar un contacto. El peligro que tiene hacer esto es que la otra persona no acepte el «rechazo» e insista para que le vuelvas a escribir. En ese caso, es importante que lo detectes para no entrar en su juego. Puedes volver a enviar un mensaje correcto de agradecimiento, pero dejando bien claro que no te interesa seguir el contacto. Si insiste, es mejor que no contestes.

En algunas ocasiones, ha habido usuarios de los portales de encuentros que después de enviar este tipo de correo han recibido mensajes francamente desagradables por parte de personas que no aceptaban un no por respuesta. En tal caso, lo recomendable es dar parte al portal en sí, para que tengan conocimiento de lo ocurrido. De hecho, muchos de ellos ya ponen a disposición del usuario un sistema mediante el cual se puede dar parte de comportamientos extraños o salidas de tono injustificadas, y, si ha habido algún perfil que ha incidido repetidamente en un comportamiento fuera de lugar y desagradable, suelen expulsarlo o suspenderlo.

Otro caso muy habitual para rechazar mantener el contacto es que la persona se encuentre en un lugar demasiado lejano para ti, como puede ser otra ciudad dentro de tu mismo país, u otro país que puede estar incluso en otro continente. Las relaciones a distancia son ciertamente mucho más complicadas, pero, como veremos más adelante, existen historias reales de parejas que iniciaron el contacto a través de la red y se han acabado casando. De todos modos, es legítimo que no te apetezca mantener relaciones con personas que se encuentran tan lejos y con las que la posibilidad de encontrarte personalmente sea una dificultad añadida demasiado grande. Si éste es el caso, debes responder educadamente al mensaje explicando esto, y en la mayor parte de los casos, los usuarios suelen ser comprensivos.

Si te interesa entablar una amistad pero nada más. También puede suceder que tras visitar un perfil, te parezca que la persona parece muy interesante por las cosas que dice, aunque físicamente no te atraiga por lo que ves en la foto. En tal caso, puedes plantearte si te apetece tratar de entablar una relación con esa persona aunque no sea con fines sentimentales. Tener esta predisposición es en principio algo positivo, pues aunque no encuentres a tu media naranja, al menos podrás ampliar tu círculo de amistades. Además, nunca se sabe lo que pasará después, pues suele ocurrir que una cosa lleva a la otra.

Si finalmente decides ponerte en contacto con la persona para intentar conocerla en un plano de amistad, debes escribir un mensaje en el que dejes lo bastante claro cuáles son tus intenciones, para no generar falsas expectativas. Procura expresarte de la forma más clara posible, evitando hacer juegos de palabras que puedan resultar confusos o dar pie a distintas interpretaciones. Las expectativas que se generan por este medio pueden ser mucho más altas que en la vida real, pues en los mensajes de correo no se pueden percibir los matices de la voz que hay en las conversaciones habladas, con lo cual se puede dar pie a muchas interpretaciones y cada cual lee lo que le conviene. Debes estar alerta a esto y si una vez iniciado el contacto detectas algún juego amoroso por parte de la otra persona que tú no esperas, comunícaselo o bien corta la comunicación de forma cortés y educada.

Si lo que quieres es conquistar. El mejor de los casos es cuando alguien se pone en contacto contigo porque al ver tu perfil le has gustado mucho, y al visitar tú el suyo te ocurre lo mismo, sientes una gran atracción por la otra persona. El flechazo se suele producir, como en la vida real, por un conjunto de factores que se dan a la vez: por la descripción que hace de sí misma, por el aspecto físico de la foto, por su manera de expresarse y las cosas que cuenta en su anuncio personal, porque resulta que coincidís en aficiones, gustos y estilo de vida o porque estáis buscando las mismas cosas. En este caso, sin duda hay que contestar y seguramente no tendrás ninguna dificultad para escribir un mensaje mostrando tu interés hacia la otra persona.

En el caso de que seas tú quien da el primer paso, debes tratar de escribir un mensaje agradable y simpático a la otra persona, explicándole los motivos por los que su perfil te ha interesado. Procura que el texto sea personalizado, no algo que le escribirías a cualquiera, porque seguramente el otro lo va a notar. Hazle ver que te has fijado en las cosas que dice en su perfil, que te interesa lo que puedes entrever de su manera de ser, y trata de hacerle ver que tenéis puntos en común para picarle la curiosidad y que tenga ganas de conocerte.

Algunas ideas. A continuación te proponemos a modo de ejemplo algunos mensajes típicos que puedes usar para cada situación. Puedes crearte mensajes modelo y guardarlos como una plantilla en tu ordenador; te permitirán ahorrar tiempo a la hora de contestar a las personas que se pongan en contacto contigo. Pero lo ideal es que, en cada mensaje que envíes, además, te tomes la molestia de hacer referencia a algún aspecto que la otra persona destaque en su perfil, para que de esta manera vea que has dedicado unos minutos a interesarte por su persona, aunque no tengas intención de mantener el contacto en el futuro. Si te apetece realmente conocer a la otra persona y ésta siente lo mismo, de esta manera, mostrándole verdadero interés por quien es, será mucho más fácil que pique el anzuelo.

■ **Si quieres que te manden una foto.** «Hola. Te agradezco muy sinceramente que te hayas puesto en contacto conmigo. Tienes un perfil muy atractivo y, por favor, te pido que para poder continuar la comunicación tengas la amabilidad de enviarme una foto. Como habrás visto, yo tengo la mía en mi perfil y, por lo tanto, creo que es justo lo que te pido. Un abrazo (o un beso) y hasta pronto.»

■ **Si deseas concertar una cita con alguien de tu ciudad.** «Me parece que tienes un perfil muy interesante y me encantaría tener la oportunidad de conocerte en persona. Puesto que, desde el primer momento, en este medio todas las opciones están abiertas, si no hay química amorosa, siempre podemos tener una relación de amistad. Posiblemente estarás de acuerdo conmigo en que lo mejor para disipar dudas es que nos veamos, y por ello te propongo que quedemos en algún sitio para dar un paseo, tomar algo, lo que quieras... Y a partir de ahí tanto tú como yo sabremos mejor dónde estamos, ¿te parece bien? Un abrazo (o un beso) y hasta pronto.»

■ **Si no te apetece mantener la comunicación.** «Gracias por ponerte en contacto conmigo y por tus amables palabras. Después de leer atentamente tu perfil, creo que no eres la persona que estoy buscando. Por lo tanto, agradezco muy sinceramente tu interés, pero prefiero dejar las cosas claras desde ahora y que sepas que no deseo mantener una relación contigo, para que me descartes y sigas buscando una persona con la que tengas verdadera sintonía. Con todo el cariño, te mando un beso virtual y te deseo mucha suerte en tu búsqueda.»

■ **Si no te gusta la foto de la persona que te ha contactado.** «He leído tus palabras y eres muy amable por la forma en que te diriges a mí. También he mirado tu perfil con atención, pero siento decirte que por la foto que has puesto veo que no eres el tipo de persona que me atrae físicamente. Sé muy bien que las personas no somos sólo una fotografía, que somos mucho más que eso... pero para mí, como supongo que para ti, la atracción física es importante. Espero que no te siente mal la sinceridad de mis palabras y te deseo mucha suerte en tu búsqueda. Un abrazo.»

■ **Si la persona vive demasiado lejos para ti y no te gusta.** «Hola. En primer lugar permíteme que te dé las gracias por mostrar interés en mi persona. He mirado tu perfil y me pareces una persona interesante. Pero para mí hay un problema insalvable: la distancia. En este momento de mi vida necesito ver físicamente y tratar estrechamente a las personas que pueda conocer a través de este medio pues, de momento, la comunicación virtual no entra en mis planes ni en mis deseos. Por ello, prefiero no mantener el contacto contigo; espero que lo entiendas. Te devuelvo un beso virtual y te deseo toda la suerte del mundo en tu búsqueda.»

■ **Si la persona vive lejos para ti, pero te gusta mucho.** «Hola. En primer lugar permíteme que te dé las gracias por mostrar interés en mi persona. He mirado tu perfil y me pareces una persona muy interesante y atractiva, alguien a quien me encantaría conocer en la vida real. A pesar de la distancia, creo que podríamos conocernos poco a poco, y luego ya se verá. Si te apetece, puedes preguntarme lo que quieras acerca de mí, cualquier curiosidad que tengas acerca de mi personalidad, mis aficiones, mi vida... y con mucho gusto contestaré a todas tus preguntas. Te devuelvo un beso virtual muy cariñoso y espero que hasta pronto.»

■ **Si no entras en la franja de edad de alguien que te gusta.** «Me siento como si estuviera tirando una botella al mar con un mensaje dentro. He leído atentamente tu perfil y me parece que eres una persona muy especial, fuera de lo común. A pesar de que no tengo la edad de la persona que buscas, creo que no pierdo nada por ponerme en contacto contigo, pues independientemente de las edades, de la cronología, del tiempo, están las personas, con sus situaciones, sus vidas... y sus afinidades personales. Creo que cuando te gusta alguien hay que arriesgar, porque no se pierde nada y, en cambio, se puede ganar mucho. Por ello te ruego que mires mi perfil, a ver si sientes algo de curiosidad o de intriga por el personaje que allí encontrarás. Y ya está. Luego me cuentas, o no, como tú prefieras. También me puedes preguntar lo que te apetezca, pues será un placer contestarte. Un abrazo (o un beso), y espero que hasta pronto.»

Técnicas de selección de los candidatos

Lo primero que se suele hacer al realizar una búsqueda por parámetros en el portal o cuando se recibe un mensaje de contacto, ya sea a través de un correo electrónico, un flechazo o un beso virtual, es mirar la foto del interesado o la interesada en el caso de que la haya incluido en el perfil. Ése suele ser el primer filtro, tras el cual, o bien se tiene interés en saber más acerca de la persona o directamente se descarta.

El siguiente paso es consultar el perfil. Además de fijarse en las fotos que haya incluido en el perfil, y en la descripción física de la persona, es importante poner atención en otros aspectos, como las aficiones, la profesión y el nivel de estudios, elementos que te permitirán hacerte una idea del estilo de vida de esa persona, para ver si puede encajar o tiene algo que ver contigo, y si puede ser alguien compatible.

Pero quizá lo que mejor describe a la persona es el espacio en el que puede expresarse libremente, su anuncio personal o el apartado en que dice lo que busca, pues es ahí donde, dentro de las limitaciones de espacio y del propio medio, te dirá más acerca de sí misma. En este sentido, te recomiendo que pienses en lo que es importante para ti de lo que te dice la otra persona, si conecta contigo, con las cosas que piensas y que buscas, y si te gusta cómo se expresa o si tiene la capacidad de captar tu atención y de interesarte. Fíjate en los pequeños detalles, como su manera de expresarse, si comete faltas de ortografía y si te parece locuaz o sensual, pues éste suele ser otro de los filtros para descartar el perfil o, por el contrario, dar el primer paso y establecer el contacto.

A partir de este momento, en el caso de decidir entrar en contacto con él o ella, hay varias opciones. O bien se puede optar por iniciar una relación epistolar, es decir, un intercambio de correos electrónicos a través de los cuales se puede ir descubriendo mejor a la otra persona, mientras ésta hace lo propio, y a través de los mensajes ir viendo si tras el primer interés surge una complicidad, un intercambio de pareceres o una comunicación en la que cada parte explica cosas de su vida. Pero también se puede tratar de iniciar una conversación a través del chat, ya sea el del propio portal o a través del messenger, pues es una vía de comunicación mucho más inmediata, directa y espontánea que permite además enviar fotos y otros archivos.

Si la relación fluye desde el primer momento, lo recomendable es no alargar la misma a través del chat y tratar de concertar una cita en el mundo real, para conocer a la persona en vivo y en directo, y comprobar si la química personal verdaderamente funciona. Hay mucha gente que tiene miedo a ese primer encuentro y lo rehuye, pero será lo que verdaderamente determine si a partir ahí puede iniciarse una relación de amistad, una seducción que desemboque en romance o lo que tenga que ocurrir entre dos personas.

La primera cita: pasos preliminares

El primer encuentro es una prueba de fuego que determinará el curso de la relación entre la otra persona y tú, pues en ese momento es cuando se pone a prueba todo: la química personal, el deseo físico y la fluidez de la comunicación corporal y verbal. Y además, es el momento de comprobar si la idea que te habías hecho de la otra persona concuerda con la realidad, si todas las cosas que te han ido uniendo a ella virtualmente: las afinidades que tiene contigo, sus planteamientos vitales o sus valores tienen que ver con lo que es en la vida real.

Es un momento en el que ambas personas suelen tener muchas expectativas, con lo cual el grado de exigencia acerca de lo que ocurre en esos instantes suele ser muy alto. Puede ser bastante fácil desilusionarse en el caso de que las cosas no sucedan como uno había imaginado. Es preferible relajarse y procurar que la comunicación fluya, y en el caso de que el primer contacto sea bueno, al nivel que sea, dar una segunda oportunidad para seguir conociendo a la persona.

Consejos para la primera cita

- **No tengas prisa.** Ten cuidado de aquellas personas que parezcan demasiado «perfectas» para ser verdad. Empieza comunicándote sólo por correo electrónico, y observa conductas raras o contradictorias. La persona al otro lado de la línea puede que no sea quien o lo que dice que es. Confía en tus instintos. Si hay algo que te hace estar incómodo, por tu propia seguridad y protección corta inmediatamente la comunicación.

- **No desveles tu nombre.** El sistema de correspondencia que ofrecen los portales de encuentros tiene lugar a través de un sistema que asegura que la verdadera identidad del usuario queda protegida. Por ello, se recomienda no incluir apellidos, dirección de correo electrónico, dirección personal, lugar de trabajo o cualquier otra información que pueda identificar al usuario, ya sea en el perfil o en los mensajes. También se aconseja desactivar la firma electrónica de los correos. En el caso de que un usuario insista en pedir información personal o que intente conseguir esta información con cualquier tipo de engaño, se debe cortar la comunicación de inmediato e informar a los responsables del portal.

- **Con cautela y sentido común.** Las decisiones pensadas y cautelosas suelen dan mejores resultados en las citas. Evita confiar en lo que no es de fiar; los pretendientes deben ganarse tu confianza gradualmente por medio de un comportamiento que sea honorable, franco y consistente. Tómate todo el tiempo que te haga falta para comprobar si una persona es de confianza y pon una cuidadosa atención en el proceso mientras os estáis conociendo. Si sospechas que una persona te está mintiendo, probablemente lo está haciendo, de modo que actúa en consecuencia. Sé responsable en los temas sentimentales, y no te enamores del enamoramiento, de la sensación de estar enamorado, sino de la persona que tienes delante, aunque sea a través de un medio virtual. No intimes prematuramente con nadie, incluso si esa intimidad sólo ocurre a través de la red. Y si llegado el momento, con la otra persona decidís cruzar un punto sin retorno, sé inteligente y protégete.

Pide una foto. La foto te permitirá tener una primera impresión de la persona, pues la apariencia dice bastante acerca de lo que uno es. De hecho, es aconsejable ver varias imágenes en distintas situaciones diferentes, por lo que no dudes en pedir que te manden más de una foto. Una de las cosas que ocurre cuando se ve la fotografía de la otra persona, y antes del encuentro en persona, es que se tiende a imaginar lo mejor de lo que se ha visto en la foto. Luego, en el encuentro, todas esas expectativas acerca de la otra persona se ponen a prueba. Por ello, es importante haber visto varias imágenes para que la idea que se tiene del otro sea lo más cercana a la realidad. En el caso de que solicites una foto o más, si te dan excusas de forma persistente, existe la posibilidad de que la persona, por alguna razón, esté escondiendo algo. En ese caso, es preferible dejar el contacto y cortar la comunicación, por mucho que la otra persona insista en mantenerla.

Habla por teléfono. Por la voz de una persona se pueden intuir bastantes cosas sobre ella, por ejemplo, su habilidad para comunicarse y socializar, su nivel cultural, sus intereses, si sabe escuchar al otro o si está más preocupada de sus propias palabras. Es preferible hablar por teléfono a alargar las conversaciones a través del correo electrónico o del messenger, porque, además, eso permitirá saber si el interés de la otra persona por conocerte es real. Sin embargo, es preferible que no reveles el número de teléfono de tu domicilio a extraños. Es mejor dar un número de teléfono móvil y usar procedimientos de bloqueo telefónico que prevengan que tu número aparezca en la identificación de la llamada. Únicamente, debes dar tu número de teléfono cuando tengas total confianza en la otra persona, lo que pasa por un proceso previo de conocimiento mutuo.

■ **Cítate cuando sientas que es el momento.** Una de las ventajas de conocerse y relacionarse a través de Internet es que puedes obtener información gradualmente e ir conociendo a la persona poco a poco, mientras ésta te va develando aspectos de su vida y va compartiendo su cotidianidad contigo, y tras ello decidir si realmente deseas iniciar una relación en persona. No debes olvidar que no tienes ninguna obligación de citarte con nadie, a pesar de que el nivel de intimidad que tengas a través de Internet sea muy alto. Y en cualquier caso, a pesar de haber concertado una cita, tienes todo el derecho de echarte atrás y cambiar de opinión. A veces, y sin saber por qué, en el último momento uno puede sentir una corazonada imposible de explicar. Confía en y sigue tus instintos, y sólo cítate si estás totalmente seguro o segura de que te apetece conocer a la persona y de que puede ser una experiencia enriquecedora. No actúes de forma impulsiva, pues existe la posibilidad de que la cita no transcurra como te habías imaginado, te frustres bastante rápido y te quedes con un mal sabor de boca.

■ **Cuidado con los signos negativos.** Si accedes a concertar una cita y detectas por parte de la otra persona muestras de cólera, frustración intensa o intentos de presionarte o controlarte, así como formas de actuar pasivo-agresivas, comentarios despectivos o falta de respeto, o cualquier comportamiento físico inapropiado, debes dar cualquier excusa educadamente para terminar la cita y marcharte.
Si detectas alguno de los siguientes comportamientos sin que te den una explicación aceptable, es preferible que des por terminada la comunicación con esa persona:

- Da información contradictoria sobre su edad, pasatiempos, apariencia, estado civil, profesión, empleo, etc.
- Rechaza hablar contigo por teléfono después de haber establecido intimidad regular a través de Internet.
- No da respuestas directas a preguntas directas.
- Parece muy diferente en persona comparado a como es por Internet.
- Nunca te presenta a sus amigos y amigas, compañeros de trabajo o familiares.

Cítate en un lugar seguro. Cuando decidas acudir a una cita, es aconsejable que comuniques a algún amigo o amiga dónde vas y cuándo tienes previsto volver, y le facilites el nombre y el número de teléfono de tu cita. Es recomendable que no dejes que te recojan en tu casa, y vayas por tus propios medios al lugar de encuentro. Además, es mejor que la cita sea en un lugar público a una hora en que haya mucha gente, y, cuando acabe, no permitas que te acompañen a casa. Lo mejor es quedar en un restaurante o una cafetería conocida a una hora en que se halle concurrida. Y cuando tú creas que es el momento adecuado de terminar la cita, da las gracias y despídete educadamente.

Ten siempre a mano una buena coartada. Si tienes algunas dudas acerca de la otra persona, pero a pesar de todo te apetece conocerla, puedes quedar con ella, pero ten una buena coartada para marcharte en el momento que creas oportuno. Una idea es quedar para tomar algo, un café o una copa, antes de otro compromiso, como puede ser una cena con amigos. Otra posibilidad es quedar a la hora de comer en un día laborable en el que tengas que volver al trabajo por la tarde. De esta manera, si la cosa va mal y no fluye la química con la otra persona, siempre tendrás una excusa creíble para marcharte. Y si todo va bien, será una estupenda ocasión para citaros para otro día y seguir conociéndoos.

■ **Sé precavido cuando estés fuera de tu terreno.** En el caso de que la cita sea en otra ciudad o en otro país, es mejor que organices tu propio viaje, incluido el avión y el coche de alquiler y te alojes en un hotel. Dependiendo del grado de confianza que tengas con la persona con la que te vas a citar, puedes optar por no revelar el nombre de tu hotel. Una vez allí, puedes llamar a tu cita y quedar en un lugar concurrido. Si al llegar al lugar, sientes que éste es inapropiado o inseguro, vuelve a tu hotel y ponte en contacto con tu cita para explicárselo y buscar una alternativa. Cuando se viaja a otro lugar es importante asegurarse siempre de que un amigo, amiga o familiar conoce tus planes y tiene direcciones y contactos. Y si es posible, lleva un teléfono móvil todo el tiempo, donde se te pueda localizar fácilmente y que puedas utilizar en caso de urgencia o necesidad.

■ **Evita meterte en líos.** En general, si no estás seguro o cómodo en una situación, es mejor no hacer nada. Si sientes que algo no va bien durante tu cita, usa tu sentido común para diluir la situación y salir de allí. No te preocupes o sientas vergüenza por tu manera de actuar; tu tranquilidad es mucho más importante que lo que la otra persona pueda opinar de ti. Aunque es cierto que Internet es un medio que puede dar pie a que personas mentirosas se creen un personaje y te hagan con ello perder el tiempo, no es tan distinto de lo que puede suceder en la vida real. Hay que recordar que, independientemente de dónde conozcas a alguien, una cita nunca está exenta de ciertos riesgos, con lo cual, un poco de cautela reducirá las situaciones incómodas e imprevistas.

■ **Sin exigencias.** La primera cita es una oportunidad para tener un primer contacto con una persona que te gusta. Si el encuentro no fluye para ninguna de las dos partes, lo más probable es que no os volváis a ver y la cita pase directamente al olvido. En el caso de que una de las partes se sienta atraída por la otra, pero sin embargo la otra no sienta lo mismo, puede surgir el conflicto. Normalmente, lo que ocurre es que la parte interesada empieza por pedir una segunda cita y en ocasiones el requerimiento se convierte en exigencia, creándose situaciones incómodas, pues la otra parte siente la obligación de tener que volver a quedar o mantener el contacto. Procura evitar que esto suceda, relajándote y dejando que las cosas fluyan. El hecho de haber conocido a alguien que te gusta no te da ningún derecho sobre esa persona, por mucho que el primer encuentro haya sido estupendo para ti. Las relaciones afectivas se construyen sobre la base de la sintonía y de la sincronicidad, así que es preferible no forzar nada y dejar que las cosas se den de forma natural y espontánea. El secreto está en encontrar el equilibrio entre el interés por la otra persona y el respeto por su espacio y su tiempo.

Chats y *Speed Dating*

Los chats: pros y contras

Comunicación virtual en tiempo real. El fenómeno de los chats no es algo nuevo. Hace ya unos cuantos años, con la llegada y popularización de Internet en España, fueron apareciendo los primeros canales de chat, entre ellos el IRC hispano, así como canales de chat temáticos que se podían encontrar en los portales generalistas, como Terra, Ozu o eresMas, y más modernamente en Wanadoo o Ya.com, entre otros. También empezaron a aparecer aplicaciones informáticas que se instalaban en el ordenador y que permitían mantener conversaciones instantáneas y en tiempo real. Una de las primeras fue ICQ, y siguieron el archifamoso messenger de Microsoft y el portal de Yahoo. Estas herramientas informáticas se han ido perfeccionando con el tiempo, y actualmente permiten mantener conversaciones no sólo a través del teclado y la pantalla, sino también conversaciones audiovisuales a través de webcams, e incluso hacer llamadas directamente de ordenador a teléfono. Un ejemplo de estas aplicaciones es el conocido Skype, una herramienta revolucionaria gracias a la cual se pueden realizar llamadas telefónicas de larga distancia a costes ridículos.

Cuando aparecieron los chats, los usuarios que se conectaban a ellos eran personas que entendían del medio Internet, gente que solía tener alguna relación profesional con la informática o apasionados del tema tecnológico y de las telecomunicaciones, así como los más jóvenes, cuya facilidad para descubrir el funcionamiento de cualquier aparato o valerse de cualquier tecnología nueva que salga al mercado es encomiable. A medida que la penetración de los ordenadores y de Internet fue creciendo en las casas españolas, y de que las compañías de telecomunicaciones empezaron a ofrecer tarifas planas para la conexión a la red, fue aumentando el número de usuarios que usaban Internet y se ampliaron los perfiles de usuarios por edades y niveles culturales y socioeconómicos. Y una de las mayores atracciones fueron desde el principio los chats, lugares de encuentro donde mantener conversaciones en tiempo real sobre cualquier tema, con personas a las que no se conocía anteriormente y a las que no se podía ni ver ni oír. Sólo se podía leer lo que escribían en la pantalla.

Ligando en el chat. Evidentemente, los chats que más éxito tuvieron fueron todos aquellos que tenían que ver con el arte de la seducción. Y hoy en día siguen encontrándose en la mayor parte de los portales generalistas, además de existir otras herramientas específicas para hablar a través del chat, como el messenger de MSN, con el cual se puede tener contactos con los que conversar en tiempo real. «Amor», «ligar», «romance» y «sexo» son algunos de los apelativos que reciben las salas de chat de los portales, a las que se conecta gente de todas partes y de todas las edades para pasar un buen rato y conocer a otras personas. Hay salas de chat también en función de las franjas de edades, y otras por temas de interés, donde se generan verdaderos grupos de apasionados que debaten por asuntos como un equipo de fútbol, un grupo musical el cambio climático o el cine francés.

Los chats ejercen un magnetismo enorme entre los usuarios de Internet, pues se suele generar una situación muy especial a nivel psicológico entre las distintas personas que intervienen, sobre todo cuando no se conocen de nada y no se han visto nunca físicamente. La comunicación que se establece es muy distinta cuando se chatea con conocidos, amigos o familiares que cuando se chatea con desconocidos. Con éstos, se puede llegar a grados de complicidad y de seducción altísimos, por mucho que se diga que el medio virtual es muy frío y por muy raro que pueda parecer por el hecho de estar hablando, comunicando, compartiendo ideas y sensaciones, sin haberse visto nunca físicamente.

Los pros. Los chats son herramientas excelentes para entrar en contacto con personas que uno jamás habría tenido la oportunidad de conocer, o muy difícilmente por la distancia. Al encontrarse en Internet y a disposición de todos los usuarios de la red mundial, ofrecen la posibilidad de abrirse al mundo, de ampliar el círculo de amistades más allá de las fronteras físicas que todos tenemos. Permiten acercarse a la realidad de otros lugares a través de las personas que se encuentran físicamente en ellos y que abren una ventana al mundo a través de su ordenador, dispuestos a entrar en contacto con otros, a contar cosas, a compartir.

Los chats son excelentes para gente que vive en poblaciones aisladas, en medios rurales y aislados en los que pasan pocas cosas y donde los habitantes corren el riesgo de sentirse aislados. Es práctico sobre todo para aquellas personas que tengan una afición determinada, que ahora poseen un medio para ponerse en contacto con otras personas que compartan la misma afición, ya que permite intercambiar información o cualquier otra cosa que se pueda enviar a través del medio electrónico. Una de las ventajas de los chats es que permiten ampliar la red de contactos y de conocimiento sobre distintos temas. Imagínate que vives en Laponia y te interesa la flora de los trópicos.

También son muy útiles en un mundo cada vez más globalizado, en el que con más frecuencia las personas viajan a otros lugares, se desplazan por motivos de trabajo o incluso fijan su residencia en un país distinto al de su nacimiento. A través del chat o el messenger se puede mantener el contacto con los amigos y con la familia a un coste verdaderamente ridículo si lo comparamos con lo que cuesta llamar por teléfono. Este sistema de comunicación es mucho más inmediato, permitiendo a los usuarios seguir el día a día de sus personas queridas, sin tener la necesidad de destinar demasiado tiempo y dinero. Cada vez es más corriente mantener el messenger conectado mientras uno se encuentra en su puesto de trabajo. Esto permite mantenerse en contacto con parientes o amigos por muy lejanos que se encuentren siempre que haya una necesidad.

Los contras. Por otro lado, el mal uso de los chats comporta una serie de peligros, ya que es fácil caer en la adicción, y es muy fácil permanecer horas y horas pegado a la pantalla, olvidando que hay un mundo real alrededor, con personas con las que se puede interactuar también en tiempo real y teniéndolos delante. En muchos núcleos familiares ocurre que los adolescentes, y no tan adolescentes, se encierran en su habitación con el ordenador y se dedican a chatear con amigos y amigas a los que ven a diario, y sin ser verdaderamente conscientes descuidan las relaciones que tienen con las personas más cercanas.

Por otro lado, existe el riesgo de que la persona, al estar detrás de una pantalla y un teclado, caiga en la tentación de parapetarse tras un personaje y de este modo se pierda la comunicación real y auténtica con el otro. En ocasiones, lo que ocurre es que hay gente que no se muestra tal como es en realidad, sino como le gustaría ser, y enfatiza sus mejores características y esconde sus defectos. O que directamente cuente cosas que no son, mentiras acerca de sí mismo, y se monte una película que la persona que está del otro lado puede llegar a creer. Este mecanismo de ocultamiento puede hacer que se pierda la comunicación real entre las personas y se creen falsas expectativas y frustraciones, además de ser una considerable pérdida de energía y de tiempo personal.

Otro de los posibles vicios que tiene el chat es que se puede estar hablando con varias personas o haciendo varias cosas a la vez, ya sea navegar, consultar el correo, o lo que sea. Eso puede ser una ventaja, pero a la vez también puede ser una falta de respeto para la persona que no lo está haciendo y que cree que el otro le está dedicando totalmente su atención. Al hablar por chat es fácil no darse cuenta de la falta de sintonía y de implicación en la comunicación que se produce entre dos personas.

A la vez, la comunicación que se mantiene a través de la pantalla y el teclado puede ser a menudo muy pobre. Se obvian las normas de ortografía y de lengua, creándose una jerga particular en la que el lenguaje se reduce considerablemente para ahorrar tiempo y espacio. Se crean unos códigos específicos de comunicación que vale la pena conocer si se está metido dentro, pero sin olvidar que el lenguaje es mucho más que eso. Puede ocurrir que en algunas ocasiones esa jerga se traslade a la comunicación a través del correo electrónico u otros medios convencionales, empobreciendo el lenguaje.

Algunos consejos para **chatear**

- Sé espontáneo y directo. Escribe como hablas y como piensas.
- Procura dedicarte exclusivamente a chatear con una persona y no tener varias conversaciones a la vez. Es mejor la calidad que la cantidad.
- Si notas que la persona con la que chateas es agresiva o desagradable contigo, corta la comunicación.
- No cuentes mentiras ni te montes películas. Además de hacerle perder el tiempo a otra persona, estarás perdiendo tú el tiempo también.
- Si intuyes que te cuentan cosas que no se corresponden con la realidad, seguramente será así. No se trata de convertirse en paranoico, pero tampoco de creérselo todo a pies juntillas.
- Si mientras chateas estás en casa y te estás haciendo la cena, cuidado con lo que tienes en la sartén. El chat puede ser muy absorbente... no vayas a provocar un incendio.

■ El chat, además de divertido, te engancha: no te olvides de que necesitas dormir, de que tienes familia y amigos en la vida real, y si estás en el trabajo y lo tienes abierto, no dejes tus responsabilidades de lado.

Speed Dating. Qué es y cómo funciona

El *Speed Dating* es un concepto original y diferente de conocer a nuevas personas que se está convirtiendo en todo un fenómeno social en las principales capitales europeas, y que está generando mucho interés y curiosidad entre personas solteras de distintas franjas de edades que prefieren el directo a mantener contactos exclusivamente a través de Internet. París y Londres han sido las ciudades pioneras en Europa al instaurar este nuevo método para ampliar el círculo de amistades del sexo opuesto, con el objetivo último y evidente de encontrar pareja.

El origen del *Speed Dating*, igual que el de los portales de encuentros y tantas otras cosas de hoy día, está en Estados Unidos, donde causa auténtico furor en Nueva York. Algunos de sus promotores en España aseguran que fue un fenómeno que se originó en California, y otros mantienen que los inventores de este sistema fueron los judíos norteamericanos. Según parece, cuando éstos se movían de un estado a otro tenían verdaderas dificultades para conocer a gente nueva, siempre dentro de la comunidad judía, por lo que decidieron inventar este sistema. Optaron por considerar siete los minutos necesarios para tener un primer contacto con otra persona, debido al significado mágico que tiene este número en la cábala.

Una cita a ciegas de 7 minutos. El *Speed Dating* es la versión moderna de las citas a ciegas, y consiste en siete citas rápidas de siete minutos de duración cada una, cara a cara, y en algún local emblemático de la ciudad. El tiempo destinado en total es de aproximadamente una hora, en la que el participante tiene la oportunidad de establecer un primer contacto con posibles futuros amigos y amigas, y por qué no, con una posible pareja, en un ambiente distendido y de diversión.

En España existen varias empresas que ofrecen este servicio, todas ellas con presencia en Internet. El funcionamiento para participar es muy sencillo. Basta con conectarse a la página web en cuestión, darse de alta como usuario, para lo cual habrá que rellenar una ficha, determinar a qué cita se quiere asistir en función de la franja de edad en la que uno se encuentre, realizar el pago según las condiciones que marque la organización, que suele ser mediante ingreso o transferencia bancaria, y esperar confirmación. Una vez se ha confirmado que siete hombres y siete mujeres están en disposición de conocerse, se asiste a la velada. Tras la misma, se decide a qué persona se desea volver a ver y se comunica este dato a la organización, la cual se ocupa de poner a las dos personas en contacto, en el caso de que el interés sea mutuo por parte de ambos.

La primera impresión es la que cuenta. Estudios en la materia han permitido comprobar que siete minutos son un tiempo suficiente para conocer a alguien, comprobar si hay química, y ver si se desea volver a ver a esa persona para entablar una relación de amistad o una relación sentimental. Aunque parezca imposible, en siete minutos se puede saber si existe algún tipo de atracción física por la otra persona, si puede darse una conversación que fluya, si los temas que se tocan son de interés para los dos y si se comparten ciertas aficiones. Además del lenguaje verbal que se da durante la conversación, hay muchas otras cosas que se saben de la otra persona a través del lenguaje no verbal y que captamos de manera inconsciente, que nuestro cerebro registra y que nos permite formarnos una primera impresión acerca de ella, descartándola de entrada o volviendo a verla.

Durante la cita... La cita suele ser en un local con encanto de tu ciudad. Se suelen organizar los jueves por la noche y los domingos por la tarde, y la organización escoge un local nocturno en el que se acondiciona un espacio con siete mesas lo bastante separadas entre sí, con dos sillas, en un ambiente de luz tenue, sensual y acogedora. En el precio que se paga por asistir a estos encuentros, que ronda entre los 15 y los 35 euros, según la organización, está incluida una consumición.

Nada más llegar la local, la persona encargada de la organización entrega a cada participante una etiqueta con su nombre, para que la coloque en un lugar visible de su indumentaria, junto con una carpeta y un bolígrafo. En la carpeta se incluyen las instrucciones a seguir durante la velada, y una hoja o tarjeta para apuntar los nombres de las siete personas con las que se va a conversar, o entablar relaciones, y todos aquellos comentarios que se crean oportunos. Durante esos momentos se cruzan las primeras miradas y la expectación es bastante grande. Se sienten los nervios en el ambiente, se encienden cigarrillos, hay quien hace preguntas, haciéndose el despistado...

Las mujeres toman asiento primero y serán los hombres quienes se desplazarán de forma rotatoria para poder hablar con cada una de ellas. Cada encuentro está marcado por un golpe de gong, o por el sonido de una campanilla, y tras los siete minutos de conversación, cada participante tiene un instante para anotar cualquier cosa que crea oportuna sobre la persona que acaba de conocer: la edad, la profesión, las primeras impresiones, el tema de conversación, etc.

Una vez finaliza la sesión y has conocido a todos los participantes del sexo opuesto, es el momento de votar. Esto se puede hacer en el mismo momento, entregando *in situ* un papel con la lista de las personas que se desea volver a ver, o bien directamente en la página web. Si el sistema detecta una coincidencia, remite a cada uno un e-mail con la dirección de correo electrónico del otro, o bien envía un mensaje SMS a cada uno con los teléfonos o el medio de contacto que se haya facilitado. A partir de ese momento, el siguiente encuentro está en las manos de los interesados.

Lo bueno de este sistema para conocer a gente es que no hay ningún compromiso y pocas oportunidades de que se den ese tipo de situaciones incómodas en las que una de las partes tiene mucho más deseo que la otra de seguir el contacto, y la otra siente dificultades en hacerle saber que no está interesada en tener una segunda cita. Si alguien no te ha gustado, hay muy pocas posibilidades de que lo vuelvas a ver y, en cualquier caso, no tendrá los medios para ponerse en contacto contigo.

Algunos **consejos**

- El objetivo del encuentro es conocer gente y, por encima de todo, divertirse, así que es preferible no tocar temas laborales o económicos, ni facilitar datos personales ni números de teléfono.

- No se trata de tener que conseguir una ficha completa y exhaustiva de la otra persona, sino de charlar e iniciar una conversación para ver si tiene sentido que ésta continúe más adelante, en otro contexto, en otra situación, y por qué no, más íntima.

- Se trata sobre todo de pasar un buen rato charlando de temas interesantes con gente más o menos afín, que está ahí para lo mismo que tú. Algunas organizaciones facilitan preguntas de ejemplo para romper el hielo e iniciar una conversación, pero con un poco de imaginación y una dosis de buen humor, no será tan difícil encarar el primer encuentro.

- Lo más importante es que trates de ser tú mismo, que no fuerces nada ni intentes dar una impresión de ti mismo que no es. Es preferible que hables de lo que te apetezca con la persona que tienes delante, dando pie a la vez a que te pregunte cosas; es decir, no se trata de hacer un monólogo o asaltar al otro con una batería de preguntas, sino que durante los siete minutos ambos tenéis que tener la oportunidad de hablar y de preguntaros cosas que os interese conocer del otro. Lo mejor es no tener nada estudiado, ni ninguna idea preconcebida, e improvisar para ver qué pasa, según la química que se da de manera natural y espontánea con la otra persona.

- Si te importa la impresión física que vas a causar en la otra persona, es recomendable que vayas vestido como lo haces habitualmente. Y si estás nervioso, una buena manera de relajarte es pensar que el resto de las personas que acuden por primera vez a una cita así estarán igual que tú. No le des demasiadas vueltas y piensa que la cita es como un juego en que el objetivo es pasar un buen rato y estar abierto a nuevas experiencias.
- Antes de apuntarte a una cita, piensa bien qué franja de edad te interesa. A menudo, las mujeres prefieren conocer a hombres mayores que ellas, pues los hombres más jóvenes les parecen inmaduros, y los hombres generalmente prefieren conocer a mujeres más jóvenes y están bastante cerrados a relacionarse con mujeres mayores que ellos.

La oferta en España. Tras el éxito que han tenido las citas rápidas en Estados Unidos y en algunas de las principales capitales europeas, el *Speed Dating* ha llegado a España, y ya son unas cuantas las empresas que ofrecen este servicio a través de Internet. De momento, organizan citas sólo en algunas ciudades, como Madrid, Barcelona y Valencia, pero dado el éxito que están teniendo y que la afluencia de gente que se anima a probar la experiencia es cada vez mayor, sin duda el fenómeno se irá extendiendo por todas las demás ciudades del territorio español.

Si te animas a probarlo, puedes empezar echando una ojeada:

- http://7citas7.com/
- http://www.7para7.com/
- http://www.7minutos7.com
- http://www.fiestadating.com/
- http://www.10citas.com
- http://speedmatching.es.match.com/

Todas ellas organizan las citas por franjas de edades y teniendo en cuenta las características de los usuarios que se han dado de alta en la página web. Su interés principal es intentar que los participantes se sientan cómodos con las personas que van a conocer y pasen un buen rato acorde con sus expectativas. Además, algunas de estas páginas web tienen promociones para animar a la gente a apuntarse. Por ejemplo, ofertas de dos por uno, en las cuales si te apuntas e invitas a un amigo o una amiga, pagas tan sólo una cuota.

Aquí te pillo, aquí te mato

Cada vez más son las personas a las que no les apetece entablar una relación de pareja con un compromiso a largo plazo, pues, por lo que parece, en el mundo actual se están produciendo tantos cambios respecto a lo que eran las relaciones convencionales, que la pareja se convierte en un avispero del que mucha gente sale bastante resquemada. Esto también puede depender de las edades en las que las personas se encuentren y de las situaciones personales de cada cual. Suele ocurrir que, al separarse tras una relación larga, lo que menos apetece es liarse de nuevo en otra convivencia, con todo lo que eso conlleva, y lo que más apetece es mantener contactos esporádicos de una noche, historias sexuales de locura y pasión desenfrenada, simplemente como diversión, sin compromiso de ningún tipo, ni complicaciones ni quebraderos de cabeza.

En este sentido, Internet es un medio fantástico para conocer a gente de todo tipo y a personas que buscan ese mismo tipo de contacto. A los portales se conectan personas de toda índole y con distintas situaciones afectivas, por lo que dedicando un poco de tiempo y poniendo un anuncio en el que quede bien claro lo que buscas, no debería costarte mucho encontrar a personas que se encuentren en la misma situación que tú y busquen lo mismo. Con lo cual, si dejas las cosas claras desde el principio y haces ver cuáles son tus intenciones, hay muchas posibilidades de que conozcas a personas que tengan ganas de pasarlo bien, simple y llanamente, sin lazos ni ataduras de ningún tipo.

Si lo que buscas es un rollo esporádico

- **Cuando cuelgues tu perfil** en un portal de encuentros, explica claramente en el anuncio que lo que buscas es gente con quien salir y mantener contactos puntuales, pasionales, y no relaciones pasajeras o de pareja a largo plazo.

- **Si alguien se pone en contacto contigo,** recuérdale desde el principio el tipo de contacto que buscas. Es importante que ambos juguéis con las mismas cartas y que las intenciones de cada cual queden bien claras.

- **Muévete y sal.** Si te quedas encerrado en casa delante del ordenador, chateando todas las noches y todo el fin de semana, nadie va a venir a buscarte. Tienes que ser más activo y tratar de salir por la noche, buscar fiestas y ocasiones de socializar con personas de tu interés. Internet no debe ser más que una plataforma de salida que te ayude a conocer gente nueva.

Las claves del éxito

- **Sé tú mismo.** No tienes que demostrarle nada a nadie y la mejor manera de pasártelo bien es siendo quien eres en cada momento. La espontaneidad y la sinceridad vividas con convencimiento te ayudarán a conectarte verdaderamente a los demás, pues si les gustas, será por lo que eres y lo que ven de ti.

- **Cuídate físicamente.** Es el mejor momento para frecuentar el gimnasio, la peluquería e irte de compras. Si te sientes bien en tu piel, gustarás más a los demás. Aprovecha bien el tiempo que tienes para ti y para cuidarte. Mímate y no te cortes a la hora de regalarte algunos placeres.

▨ **Cultiva el buen humor.** Si tienes un estado de ánimo positivo ante la vida, te resultará más fácil socializar y gustar a los demás. Es importante que no te dejes llevar por la melancolía y la nostalgia. Es normal sentirse solo, pero ese estado debe ser un motivo para que intentes conocer a otra gente, en vez de encerrarte en ti mismo.

Lo que no se debe hacer nunca

▨ **Engañar a la otra persona** haciéndole creer cosas que no son. No ser claro con la otra persona se vuelve contra uno mismo, porque el que engaña, en realidad, se suele engañar a sí mismo, y eso a la larga pasa factura de algún modo.

▨ **Despreciar o tratar mal** a la otra persona, simplemente porque se trata de un contacto puntual que no se va a volver a producir. Ante todo, estás con una persona que tiene sentimientos y emociones, y eso es algo que se debe respetar por encima de todo. Cuida las formas.

▨ **Tener contactos sexuales** con personas desconocidas sin protección de ningún tipo. Actualmente, tienes a tu alcance mucha información y medios para evitar padecer enfermedades venéreas. Actúa de forma responsable contigo y con las personas que frecuentes.

Un rollito de primavera

Los rollos de una noche están muy bien, pero, en general, cuando nos ha gustado alguien, tenemos tendencia a querer repetir. No es necesario que ese deseo sea sinónimo de nada más que una relación pasajera, es decir, no conlleva tener que entablar necesariamente una relación a largo plazo. También es una manera de darte la oportunidad de conocer mejor a la otra persona y de comprobar si te apetece seguir viéndola o trabajar para que la relación evolucione hacia algo más. En cualquier caso, cuando se tiene un rollo pasajero, como en general con cualquier tipo de relación o contacto personal, es importante que las dos partes estén en la misma línea y tengan las mismas expectativas, pues de lo contrario, se pueden producir frustraciones y desequilibrios emocionales que desembocan en malos rollos.

Una vez más, Internet te ofrece la oportunidad de conocer a otras personas que, además del placer de los contactos esporádicos, también quieren involucrarse un poco más. En muchos perfiles, los usuarios expresan abiertamente que lo que buscan es ampliar su círculo social y conocer a otras personas, inicialmente para una amistad, pero abiertos a la posibilidad de que pueda surgir algo más. En estos casos, lo que suele suceder es que si la cita va bien y luego se produce un contacto sexual esporádico, que también gusta a las dos partes, se busca repetir el contacto más veces, y esto acaba convirtiéndose en un rollo pasajero.

Si lo que buscas es un rollo pasajero

- **Sal de casa y muévete** para conocer a gente nueva. Internet te brinda muchas oportunidades de conocer a personas de tu ciudad, pero también te ofrece la posibilidad de conectar con personas que viven en otros lugares de tu mismo país o en otros países. Puede ser una aventura para ti animarte a visitarlas, pues viajarás de una manera mucho más agradable y seguro que con más alicientes.

- **Además de los portales de encuentros** que hay en Internet, existen muchas empresas que organizan eventos para poner en contacto a personas en el marco de una actividad que se realiza en común, desde clases de baile hasta retiros espirituales, yoga, talleres de masajes, cursos de pintura, cerámica o fotografía, esquí o lo que se te ocurra que te gustaría hacer. A esos lugares suele acudir gente de todas las edades y distintas procedencias con la intención de hacer cosas en su tiempo de ocio, pero también con el deseo de conocer a otras personas.

- **Está abierto o abierta a lo que te pueda pasar,** sin prejuicios ni ideas preconcebidas. El mejor estado personal para tener un rollo pasajero es el de estar anímicamente abierto, con ganas de hacer cosas, y compartir situaciones agradables y aventuras de cualquier tipo, desde una escapada de fin de semana a una noche de locura en la ciudad.

Las claves del éxito

- **Si la primera vez que te enrollas** con alguien, te das cuenta de que no te apetece volver a ver a esa persona, díselo de forma educada y con cariño. Si, por el contrario, la cosa ha ido bien y te apetece seguirla viendo durante una temporada, pero no crees que puedas mantener una relación a largo plazo, comunícalo también con sutileza, para que sepa a qué atenerse. Hay que procurar evitar por todos los medios las malas caras y el dolor emocional.

Cada cita tiene que convertirse en una aventura. No des lugar a la repetición, pues eso es caldo de cultivo de situaciones demasiado previsibles y del aburrimiento. Pon toda tu imaginación en el asunto y busca cosas nuevas por hacer con la persona con la que tienes una aventura pasajera. Ambos disfrutaréis mucho más de la situación.

Asegúrate de que estáis en la misma onda. No se trata de incordiar al otro constantemente para saber si se encuentra a gusto con la situación, pero es importante estar alerta para que haya en todo momento un equilibrio en las expectativas de cada cual. Es un equilibrio frágil, y cuando se rompe, una de las personas empieza a sufrir. Cuando eso ocurre, es el momento de dejarlo.

Lo que no se debe hacer nunca

Tener rollos pasajeros con una persona, sabiendo de antemano que lo que desea es una relación a largo plazo, pues eso siempre creará frustración y sufrimiento para el que desea la relación de pareja.

Entrar en dinámicas de convivencia. Por mucho que resulte tentador y fácil dejarse llevar, es posible que ya sepas lo que es por haber vivido una relación conviviendo con alguien anteriormente. Hay que estar alerta y no meterse en situaciones de compromiso a las que no se desea llegar. Dar un paso atrás es siempre mucho más difícil que no darlo; es importante estar alerta para no repetir los mismos errores.

- **Caer en la rutina.** Haz que cada encuentro sea diferente, será la mejor manera de que ambos os lo paséis bien y disfrutéis de las actividades que realicéis juntos. Consulta la guía del ocio de tu ciudad o la cartelera, pues allí encontrarás muchas ideas y opciones de cosas por hacer.

- **Cerrarse a lo que pueda surgir.** Muchas veces las dos personas empiezan queriendo un rollo pasajero, pero va pasando el tiempo y se encuentran a gusto estando juntas. No se trata de romper el contacto cuando todo está yendo bien. El misterio de una relación entre dos personas está por encima de cualquier etiqueta o idea preconcebida.

Amor
para siempre

Aunque la mayor parte de las veces las personas que se conectan a los portales de encuentros dicen que en realidad lo que buscan es ampliar su círculo de amistades, estando no obstante abiertas a lo que pueda surgir, lo que poca gente reconoce es que su principal motivación para conectarse a Internet, chatear y dedicar tiempo y energía a conocer gente por este nuevo medio, es encontrar a su media naranja, el hombre o la mujer de su vida, el príncipe azul o la mujer de sus sueños.

Por alguna razón, parece que no está bien visto decir que se desea tener una relación de pareja con compromiso y duradera, aunque quizá lo que ocurre es que los usuarios que deciden conectarse a los portales de encuentros y utilizar sus servicios son personas que ya han tenido relaciones sentimentales y pueden tener cierto recelo a volverse a comprometer. O también, lo que sucede es que decir claramente que se busca una persona con la que contraer matrimonio y tener familia, sin duda asusta bastante y frena la posibilidad de establecer un primer contacto.

Pero si miramos a nuestro alrededor y vemos también la realidad y los datos que facilitan los portales de encuentros, parece bastante claro que el estado deseado es estar en pareja, y que la tendencia generalizada es querer que ésta dure, pues las rupturas son dolorosas y los procesos de duelo complicados de llevar. Y también, a medida que pasa el tiempo, cuesta cada vez más encontrar a una persona con la que entenderse bien a todos los niveles, por lo que si se encuentra a alguien con quien se da un equilibrio entre varias cosas, se intenta preservar la relación.

Si lo que buscas es una relación a largo plazo

- **Pon empeño, pero sin agobiarte.** Es necesario que tengas las cosas claras y que detectes lo que es importante para ti en una relación de pareja y lo que no te ha funcionado en el pasado. De esta manera, cuando conozcas a alguien, sabrás detectar antes si puedes tener algo a largo plazo con esa persona. También debes dedicar cierto tiempo a conocer a gente nueva: tu media naranja no va a ir a llamar a tu puerta.

- **Haz esfuerzos por intentar conocer** a personas afines a ti. Es importante que no pierdas la ilusión de conocer a alguien que verdaderamente merezca la pena, pues de esta manera no perderás el tiempo entreteniéndote en relaciones que no conducen a nada, con el consecuente coste que pueden tener a nivel emocional.

- **Debes estar abierto** a nuevas experiencias, sin que te pese el pasado. Encontrar una persona con la que tener una relación de pareja satisfactoria no suele ser tarea fácil ni inmediata. Requiere dedicación y estar dispuesto a correr ciertos riesgos. Si te quedas encerrado en ti mismo por miedo al dolor que puede suponer tener relaciones y que no funcionen, te estás negando la posibilidad de que te sorprendan en un momento dado.

Las claves del éxito

- **Establece desde el principio** tus condiciones, y si ves que la otra persona no te responde bien porque tiene otros intereses, no te empeñes. Es mejor no forzar las cosas y que cada cual siga libremente su camino.

- **Sé tu mismo en cada momento.** No trates de convertirte en la persona que no eres o serlo a la medida de las necesidades y expectativas de tu compañero sentimental. En las historias a largo plazo es importante que cada cual sea honesto consigo mismo, para ver si la relación fluye de forma natural y espontánea, y si se mantiene el deseo de estar juntos.

- **Ten paciencia y date una oportunidad.** No se conoce a una persona en dos días, sino que se necesita cierto tiempo para compartir cosas, situaciones y proyectos. De esa manera se verá si las dos personas encajan y tiene sentido que estén juntas.

Lo que no se debe hacer nunca

- **Forzar situaciones.** Eso no conduce a nada más que pérdida de tiempo y dolor emocional a largo plazo. Si al principio de la relación, la intuición te dice que la otra persona no está por la misma labor que tú o notas comportamientos extraños y contradictorios por su parte, fíate de tu olfato y sal de la situación inmediatamente.

- **Enamorarse de la situación y no de la persona.** Es importante que sepas distinguir si lo que te une a la otra persona es tu deseo de estar en pareja por encima de todo, incluso por encima de la otra persona, o si es la persona en sí la que te gusta, con todos sus defectos y virtudes, y por lo tanto deseas tener una relación de pareja a largo plazo con ella.

French Kiss

Internet no tiene fronteras y es un claro exponente de un fenómeno mayor que se está produciendo a nivel mundial, la globalización o mundialización. Además de las repercusiones que el fenómeno de la globalización tiene a nivel económico, a nivel social está ocurriendo que las culturas se acercan, se ponen en contacto y se mezclan, enriqueciéndose mutuamente. El contacto con el otro ya no nos resulta extraño, pues acercándonos a su realidad la entendemos mejor y, por extensión, nos entendemos también mejor a nosotros mismos. Este concepto de humanidad inmersa dentro de una aldea global va de la mano de ciertos valores supremos, como la solidaridad, la tolerancia, el respeto o la igualdad, conceptos que se manejan hoy en día a través de los medios de comunicación para asegurar una humanidad más justa. Muchísimas personas se conectan a la red mundial con la mentalidad y el espíritu abierto a la realidad de otros lugares a la búsqueda de información. En muchas ocasiones, esto las lleva a entrar en contacto con otras personas que se encuentran a miles de kilómetros de distancia, pero con las que pueden compartir ciertos intereses.

Dentro de esta misma tendencia, uno de los efectos colaterales de la existencia de los portales de encuentros, concretamente, es que personas de países y culturas muy distintas pueden llegar a relacionarse y conocerse virtualmente, e incluso entablar relaciones sentimentales a través de Internet. Hace algunos años esto podía sonar muy extraño, pues aún no existía la cultura internauta que hay ahora, y mantener relaciones virtuales estaba mal visto. Era algo que se hacía en la clandestinidad y el anonimato, pues existía la idea de que el que se conectaba a la red para conocer a gente lo hacía porque tenía dificultades relacionales. En la actualidad aún puede sorprender a algunos, pero cada vez más son los casos de parejas de distintos países que se han conocido chateando o a través de un portal de encuentros.

Si lo que buscas es un viaje sentimental

- **Conéctate a los portales** de encuentros internacionales. La mayor parte de los portales de éxito tienen una red de portales por países que te permitirán entrar en contacto con personas de otros lugares abiertas a conocer a personas como tú.

- **Busca extranjeros en tu ciudad.** En los portales de encuentros españoles se encuentran muchas personas extranjeras que están viviendo en España desde hace poco tiempo y que buscan hacer amistades inicialmente por la red para tener un círculo social con quien salir y relacionarse.

- **Es bueno tener cosas** en común para compartir. Una buena manera de contactar a personas con intereses afines a los tuyos es conectándote a páginas cuyos contenidos te interesen. Los foros temáticos son un buen punto de partida.

Las claves del éxito

- **Mente y espíritu abiertos.** No pierdas la capacidad de sorprenderte y ten en cuenta que la persona que estás conociendo, más allá de estar en un país lejano y formar parte de una cultura y una sociedad que pueden ser bastante distintas a la tuya, tiene su propia identidad, única e intransferible. Trata de conectarte con lo esencial de la otra persona adoptando una actitud sincera y abierta.

- **No tengas prejuicios.** Intenta acercarte a las personas de otros lugares tratando de no juzgar las cosas que te cuentan desde tu propia realidad, sino poniéndote en su lugar y entendiendo su contexto. Será inevitable que compares, para comprenderlas mejor, pero trata de informarte bien acerca del país de procedencia de la persona con la que trates y procura no juzgar a nadie.

- **Ten en cuenta el peligro** de una relación a distancia. Ya en sí a veces es complicado conocer profundamente a una persona con la que se tiene roce físico, por lo cual, si ésta se encuentra además a miles de kilómetros de distancia y no puedes comunicar fácilmente con ella, los malentendidos y las falsas expectativas pueden multiplicarse. Basta con que seas consciente de ello para tratar de profundizar en la relación.

Lo que no se debe hacer nunca

- **Mantener relaciones** con personas movidas por la desesperación. Desafortunadamente, vivimos en un mundo muy desigual y en muchas ocasiones personas que viven en países con realidades muy duras y difíciles buscan salir de ellas a través de personas que viven en los países más desarrollados y favorecidos. No se trata de que desconfíes sistemáticamente cada vez que conozcas a alguien que provenga de alguno de esos países, basta simplemente con que estés un poco alerta para ver cuáles son las intenciones reales de la otra persona.

- **Viajar sin estar seguro.** Tarde o temprano, tanto tú como la otra persona sentiréis la necesidad de conoceros personalmente. Además de la emoción que supone el encuentro con alguien a quien no se ha visto nunca, cuando se trata de relaciones internacionales existe un factor de aventura añadido. Tanto si eres tú el que viaja como el que acoge a la persona de fuera, es importante que te sientas realmente seguro de lo que estás haciendo.

Si te desplazas a otro país, debes planificar bien el viaje y buscar alternativas en el caso de que el encuentro no vaya bien. Y si acoges a la persona que viene a conocerte, trata de no encontrarte en una situación sin escapatoria y piensa en una solución en el caso de que no os sintáis a gusto juntos. Es mejor no forzar las cosas.

Chico-busca-chico

El colectivo gay es uno de los más activos a la hora de buscar personas con las que mantener relaciones, ya sea para un contacto puramente sexual o para mantener un romance a largo plazo. En la actualidad y tras muchos años de lucha por sus derechos, los gays han conseguido ser un colectivo bastante libre y desmarcado, hasta cierto punto, de las normas sociales convencionales y establecidas. Esto les permite, en general, mantener relaciones mucho más auténticas y verdaderas, mucho más espontáneas, directas y libres de protocolos, y no tan condicionadas por unas normas sociales rígidas que se basan en los valores de la pareja y de la familia tradicionales.

Aunque actualmente existen ya muchos locales y lugares de encuentro estrictamente destinados a este colectivo, especialmente en los núcleos urbanos de cierto tamaño, la oferta es mucho menor que la existente para el público heterosexual, por lo que Internet se ha convertido en un paraíso en el cual los hombres gay pueden ponerse en contacto y ampliar sus círculos de amantes y amigos. Uno de los usos que se les está dando a los portales de contactos es la posibilidad de conocer a otros hombres con los que concertar citas para mantener relaciones sexuales de forma bastante inmediata. En ocasiones, tras un primer contacto sexual la relación puede transformarse en una relación de pareja, pero la mayoría de ellos reconocen conectarse a Internet en búsqueda de un rollo tipo «aquí te pillo, aquí te mato», o, lo que es lo mismo, «sexo aquí y ahora».

«Lo que quieras, cuando quieras» en Gaydar

El principal portal de contactos en España tiene su origen en el Reino Unido. Fue creado por la pareja gay formada por Gary Frisch y Henry Badenhorst, ambos nacidos en Sudáfrica y que se mudaron al Reino Unido en 1994. Ambos tenían una formación técnica e informática, y montaron una empresa de consultoría tecnológica que desarrollaba páginas web, entre otros servicios interactivos. A finales de 1999, un amigo de la pareja les planteó un problema. Era el director de una empresa y por el tipo de responsabilidades y vida que llevaba, decía estar demasiado ocupado y no tener tiempo para echarse novio. Medio en broma medio en serio les propuso pagarles un dinero para encontrarle uno. Ellos al principio no le hicieron ni caso, pero luego se lo pensaron y le dijeron que iban a desarrollar un programa informático de búsqueda especialmente diseñado para él y colgarlo en Internet, a ver qué pasaba. Ése fue el origen de Gaydar y el resto es historia.

Antes de Gaydar existieron otros portales de contactos gay, pero eran demasiado complicados de usar, y el proceso para registrarse y hacer búsquedas de chicos era demasiado largo y pesado, pues tras introducir todos los datos no se sabía si había otras personas conectadas y se tardaba mucho en obtener alguna respuesta. Gaydar salió al mercado en noviembre de 1999 y fue una revolución, puesto que era un portal en el que todo ocurría de manera instantánea. Por un lado, sus creadores, Gary y Henry, habían desarrollado dos herramientas revolucionarias: la página de «Quién-está-online», que permitía ver a los chicos conectados en tiempo real, y la aplicación de mensajería instantánea, con la cual se podía chatear de manera instantánea a través del portal con la gente que se había contactado y que estaba conectada en ese mismo momento.

La política de Gaydar desde los inicios fue la de ser un portal de contactos y nada más, sin noticias, ni publicidad ni elementos externos que molestasen a los usuarios, como tenían otros portales gay. Empezó a funcionar muy bien, y el número de visitas y nuevos miembros fue creciendo a velocidades vertiginosas. Al principio, sólo trabajaban en él Gary y Henry, uno durante el día y el otro por la noche, pero gracias al éxito que estaban teniendo, que motivó que a los pocos meses mucha gente accediera a pagar una cuota para convertirse en miembro del portal y disfrutar de ciertos servicios, pudieron contratar un equipo que se dedicase íntegramente a mantener y hacer crecer el portal. Actualmente, ese equipo está formado por 40 personas.

El portal es un reflejo de lo que pasa en el mundo gay en general. Cuando se va a un bar gay, se puede encontrar a alguien que está buscando el amor de su vida, a otro que únicamente desea mantener una conversación o a alguien que busca un rollo sexual puntual. En este sentido, este portal de encuentros gay es además de un lugar donde encontrar sexo rápido, una comunidad online para este colectivo, que actualmente está formada por 3.250.000 usuarios en el mundo entero, de los cuales en España hay ya 200.000, que se han ido apuntando desde que apareció la versión del portal en español (gaydar.es), en abril del 2004.

Múltiples opciones para todos los gustos. Para poder formar parte de la comunidad Gaydar, el primer paso es registrarse como usuario, para lo cual se debe rellenar un formulario. Después de facilitar una dirección de correo electrónico válida, hay que definirse entre una de las siguientes opciones: hombre gay solo, mujer gay sola, hombre bisexual solo, mujer bisexual sola, pareja de hombres gay, pareja de mujeres gay, pareja bisexual, grupo de hombres gay, grupo de mujeres gay o grupo mixto. Otros datos importantes son la edad, el lugar de residencia, la altura, la profesión, el tamaño del pene, si estás circuncidado o no, si eres velludo o no, si en el sexo adoptas un rol pasivo, activo o versátil, si practicas sexo seguro siempre, a veces o nunca, si consumes drogas y lo que estás buscando, si una relación romántica, o sexo en grupo o sexo con una sola persona. Hay múltiples opciones y sin duda encontrarás la que mejor se adapte a ti.

Descríbete sin pudor. Es importante que dediques cierto tiempo a rellenar la descripción personal y expliques lo que estás buscando, pues, después de la foto, es en lo primero en que se fijan los usuarios del portal. Es un espacio en el que puedes ser tú mismo y decir con total libertad lo que quieres y lo que buscas, qué tipo de hombre te gusta (musculados, rapados, gordos, casados, hombres con cuero...), cuáles son tus actividades sexuales favoritas (beso negro, cosquillas, control de la respiración, lluvia dorada, lucha, esclavos, puños, sauna, voyeur...), con qué partes del cuerpo u objetos tienes fetichismo (calzoncillos, cuero, pies, pelo en el cuerpo, pezones, tatuajes, piercings, juguetes, faldas escocesas...), qué idiomas hablas, qué deportes practicas, cuáles son tus intereses en la vida y cuáles son tus aficiones. Aprovecha el espacio que tienes para escribir libremente y contar algo de ti, pues es el principal gancho de tu perfil después de la foto.

Las fotos son la pieza clave. Una vez hayas creado tu perfil, tienes que esperar a que lo aprueben desde el portal. Si lo hacen, recibirás un mensaje en el que te facilitarán una contraseña provisional para entrar la primera vez. Luego, la podrás cambiar por otra tuya confidencial. Cuando entres en tu página personal, tienes la opción de incluir varias fotos que verán todos los usuarios que se conecten a tu perfil, y algunas privadas, que sólo verán los usuarios con los que tú contactes y aquellos que paguen por ese servicio. Es aconsejable incluir varias fotos de calidad en las que se vea bien cómo eres, pues multiplicarás considerablemente las posibilidades de que se pongan en contacto contigo. No olvides que en las relaciones gay el aspecto físico y la química corporal son realmente muy importantes. En un portal gay no hay que tener pudor por poner fotos íntimas en las que se vea tu cuerpo, tus expresiones y posturas diferentes, incluso atrevidas. Si quieres que se sepa cómo eres de verdad, no te cortes y descúbrete.

Da el primer paso con el chat. Para buscar a chicos que te gusten e intentar concertar una cita, lo primero que tendrás que hacer es una búsqueda de usuarios o mirar directamente los que están conectados al portal mientras tú navegas. Cuando veas el perfil de un chico que te resulte atractivo y te dé morbo, puedes enviarle un mensaje instantáneo, que recibirá en el mismo momento si está online, o enviarle un correo electrónico, que podrá leer más tarde y contestar. Otra opción es tratar de contactar con otros usuarios a través del chat, la herramienta que te permite ponerte en contacto con chicos que están en línea al mismo tiempo que tú. Basta con que mandes un saludo o un mensaje sexy para que la otra persona te responda, pero si no lo hace, es preferible no insistir, pues hay mucha más gente conectada con la que te puedes entender.

Algunos **consejos**

- El portal de encuentros de Gaydar es una ventana al mundo, no sólo un mercado de carne. Puedes ampliar tu círculo de amistades al ponerte en contacto con las comunidades gay de otras ciudades del mundo. Si vas a viajar, no desaproveches la ocasión de chatear antes con chicos de la ciudad a la que vayas.
- Recuerda que las personas que contactas para tener sexo no son sólo un cuerpo, sino que tienen un bagaje personal, expectativas, sentimientos, problemas... Ante todo sé respetuoso con la otra persona y deja claro desde el principio lo que esperas del contacto.
- Cuando conozcas a alguien, no hagas nada que no te apetezca por miedo a defraudar al otro. Di lo que te gusta y lo que no, y no te fuerces. Habrá personas con las que encajes y otras con las que no, pero siempre encontrarás a alguien afín a ti.
- Mantén relaciones con sexo seguro, que no está el horno para bollos.

Éxitos y fracasos:
los expertos nos cuentan

JUAN (32 AÑOS, MADRID) Y BETH (28 AÑOS, RÍO DE JANEIRO, BRASIL)

«Si alguien me hubiera dicho hace un tiempo que encontraría el amor de esta manera, no lo hubiera creído» (Juan).

Hace algo más de un año, Juan estaba saliendo de una relación larga que acabó mal, y tras un tiempo de reflexión y duelo, decidió abrirse a conocer otras mujeres. Entonces no se encontraba bien anímicamente y tampoco es persona de salir mucho por la noche, por lo que decidió probar Internet como un nuevo medio para conocer a gente. Había visto publicidad de uno de los principales portales de contactos en España, «match.com», y tras visitar la página web, creyó que era un buen sitio para empezar, pues los primeros perfiles que visitó le parecieron que eran de gente normal, más o menos de su estilo, y el sistema de funcionamiento del portal le pareció serio y que no engañaba a nadie. Creó una ficha con su perfil, rellenando los campos con información lo más fiel posible fra su persona y que lo diferenciasen del resto, e insertó una fotografía en la que se le veía bien, aunque un poco de lejos. Inicialmente, le dio un poco de corte lo de la foto, pues pensó que podía ser visto por personas de su trabajo, pero decidió no tener prejuicios y probar a ver qué tal iba la cosa. Al principio, no pagó ninguna cuota para usar el servicio y se limitó a enviar besos virtuales a aquellas chicas que le interesaban, pero al ver que este sistema no eran suficiente para entrar en contacto, optó por contratar la opción «Contáctame» durante tres meses, con la cual las interesadas en su perfil podían contactarlo y él contestar a sus mensajes. Empezó recibiendo muchos mensajes de Latinoamérica, y de entre unas veinte o veinticinco chicas mantuvo el contacto con seis o siete. También recibió mensajes de chicas españolas, pero sólo se decidió por quedar con una de Madrid, con la cual la experiencia del encuentro fue buena, pero no cuajó ninguna relación sentimental. Durante el verano de 2004, recibió un mensaje de Beth, desde Brasil, de 28 años, licenciada en Filología hispánica y profesora de español en la Universidad de Río de Janeiro. Empezaron a escribirse correos electrónicos y la sintonía se produjo desde el inicio, con lo cual, al cabo de tres meses, él decidió llamarla por teléfono. En esos momentos, a pesar de que la comunicación fluía muy bien y parecía que los puntos en común y los intereses eran muchos, él se sentía muy cauteloso, debido a la experiencia sentimental anterior y a la distancia, pero ella parecía tenerlo bastante claro y no cesó de demostrar su interés por él. El talante abierto y aventurero de Juan lo llevaron a plantearse que en ese encuentro virtual a través de Internet existía la posibilidad real de conocer a una mujer interesante y diferente, así que empezó a plantearse la posibilidad de viajar a Brasil para conocerla personalmente. Durante los meses que duró el intercambio de correos electrónicos también se habían enviado fotos, pero evidentemente Juan se preguntaba qué pasaría cuando se vieran en persona por primera vez. A la vez, él nunca había hecho un viaje tan largo y a un lugar tan lejano, y sabía que Río de Janeiro tiene fama de ser una ciudad peligrosa, pero tras mucho hablarlo con ella por teléfono y correo, pensó que no tenía nada que perder. Se planteó que aunque la relación amorosa no resultase, no podía desperdiciar la ocasión de ir a visitar a la que ya era una buena amiga y a su parecer una buena persona. Por otro lado, la situación le daba la oportunidad de conocer un país nuevo. Así que se lió la manta a la cabeza, hizo la maleta y en diciembre de 2004 se subió a un avión con destino a Río de Janeiro. El encuentro en el aeropuerto fue chocante, pues encontró que ella era muy delgada y él prefiere a chicas un poco más rellenitas, pero tras convivir unos cuantos días, ambos se dieron cuenta de que la relación amorosa también estaba funcionando. Tras nueve días de luna de miel, volvió a Madrid, y allí empezó una historia de amor bastante complicada debido a la distancia geográfica, pero que se iba construyendo poco a poco. Se han visto más veces, pues ella vino a visitarlo a Madrid en marzo de 2005, él pasó veinte días en Río en julio del mismo año, y de nuevo diez días en octubre, y actualmente están esperando la respuesta de la universidad donde ella trabaja y cursa sus estudios de doctorado, en Río, pues existe la posibilidad de que le otorguen una beca para acabar su formación en una universidad en Madrid, lo cual la traería a España en febrero de 2006. Según Juan, ha tenido la suerte de conocer a una persona que tiene mucho interés por la cultura española y con la cual no ha existido la barrera idiomática, y cree que hay muchas posibilidades de que la relación funcione a largo plazo; pero a la vez cree que es imprescindible conocerse mejor durante un periodo de convivencia, pues de momento únicamente han compartido momentos de vacaciones. Juan se define como una persona prudente que se toma su tiempo para conocer bien a la gente que le interesa, y cree firmemente que el correo electrónico es un excelente medio para conocer a la persona, pues a través de la escritura y de su forma de expresarse se saca mucha información acerca de ella. Él mismo no sale de su asombro, ya que si hace dos años le hubieran dicho que iba a enamorarse a través de Internet, no lo hubiera creído en ningún momento.

FELIPE (37 AÑOS, MADRID) Y MARTA (38 AÑOS, SANTIAGO DE CHILE)

Mágicas casualidades en el día de San Valentín.

El 14 de febrero de 2000, Marta se sentía muy sola y un poco deprimida en su ciudad, Santiago de Chile, mientras la mayoría de sus amigos y amigas se encontraban celebrando el día de los enamorados. Una amiga le había hablado de un chat en la página de «ciudadfutura.com». Ella nunca había entrado antes en un chat, pero decidió hacer caso de su amiga, que chateaba para hacer amistades, y que la había animado mucho, y probar a ver qué tal. Se conectó a la página, decidió ponerse el nick de «Soledad», acorde con su estado de ánimo, y tras ver los nombres y colores de las distintas salas, optó por entrar en la Sala Gótica. Mientras tanto, en Madrid, Felipe estaba acabando su jornada laboral y una vez solo en la oficina, como tampoco tenía ningún plan ni estado de humor para salir esa noche, pues recientemente había acabado una relación de pareja con una chica llamada Soledad, tras la cual se había quedado bastante tocado, decidió entrar en «ciudadfutura.com». Ya había entrado varias veces en los chats de ese portal y se había dedicado a leer las conversaciones que allí se mantenían, pero como en general las cosas que allí se decían siempre le habían parecido bastante superficiales, no había participado nunca en ninguna, ni tampoco había abierto una ventana de conversación privada con nadie. Esa noche, sin embargo, entró en la Sala Gótica y vio un nombre que le llamó la atención, así que decidió hacer doble clic sobre el nick y abrió una ventana de conversación a Soledad. Acto seguido, le preguntó si ése era su nombre real o un pseudónimo, a lo que ella contestó la verdad. Y a partir de ese momento, empezó una conversación que hoy día todavía dura, casi seis años después. Empezaron a preguntarse cosas acerca del uno y del otro y su sorpresa fue grande al comprobar que coincidían en muchísimos aspectos: ambos trabajaban en empresas del sector editorial, en el departamento de Comunicación y Márketing; sólo había un año de diferencia de edad entre ambos; ella había escogido como nick el nombre de la antigua novia de él; el hijo de ella, que entonces tenía 12 años, se llamaba Felipe, como él..., y tantas cosas más. Las casualidades y coincidencias eran de tal calibre a esas alturas que Felipe empezó a dudar de si estaba siendo objeto de una broma por parte de sus compañeras de trabajo. Para salir de dudas, decidió pedirle el teléfono a Soledad, y ésta le dio un número internacional. Acto seguido, él la llamó, comprobó que no se trataba de ninguna broma, sino que todo lo que estaba ocurriendo era real, y esa misma noche mantuvieron la primera conversación telefónica. Tal fue la sintonía que fluyó entre ambos a través de la pantalla y el teclado primero, y del teléfono después, que a partir de ese día empezaron a citarse todos las noches para chatear. Al haber 4 o 6 horas de diferencia horaria entre Chile y España según la época del año, tenían que hablarse cuando allí era por la tarde y aquí de noche, y como Felipe por aquel entonces no tenía ordenador en casa, tras acabar su jornada laboral se quedaba en la oficina hasta la una o las dos de la mañana. Luego optó por comprarse un ordenador para poder así chatear desde casa. Ambos estaban impactados por lo que les estaba sucediendo, pues sintieron desde el primer día un nexo muy fuerte, y la sensación de que se estaban enamorando a través de Internet, algo que les parecía una locura, pero que a la vez ninguno de los dos estaba dispuesto a perderse. Empezaron a enviarse fotos por correo electrónico, en las que se mostraban a lo lejos, pues tenían miedo de que el tema del físico pudiera romper el encanto de lo que estaba sucediendo entre los dos, de todas las coincidencias que se estaban produciendo. En abril del mismo año, Marta recibió un correo electrónico con un archivo adjunto, y al abrirlo, se encontró con un billete de avión escaneado. Felipe iba a visitarla, a pasar 15 días con ella para conocerla personalmente, coincidiendo con que ese año la Semana Santa caía cerca del puente del 1 de mayo. La expectación era tremenda, para Felipe se trataba de la mayor aventura de su vida, pero no dudó en subirse al avión de Iberia que lo llevaría hasta Santiago de Chile. Marta llegó con tiempo al aeropuerto de su ciudad, hecha un manojo de nervios, y resultó que ese día había tal neblina en el aeropuerto que el vuelo en que venía Felipe fue desviado hacia Mendoza y anunciaron que llegaría con cinco horas de retraso. Durante la espera se puso a hablar con las personas que esperaban a los familiares de ese mismo vuelo y con el personal del aeropuerto, y al irle preguntando y ella contar la historia, se generó una tremenda expectación en todas las personas que allí se encontraban, por lo original de la historia. Por fin llegó el vuelo, y mientras Felipe ponía una reclamación, pues le habían perdido las maletas, dos personas del equipo del aeropuerto le dijeron «¿Tú eres Felipe, verdad? ¡Pues ya era hora de que llegaras!». En medio de sus propio nerviosismo, él no entendió bien qué estaba sucediendo, y cuando salió por la puerta de las llegadas internacionales, recibió una gran ovación y gritos de júbilo por parte de todos los que estaban allí esperando, que continuó mientras él y Marta se daban el primer beso. Nada más verse supieron que lo que los unía era real y que estaban hechos el uno para el otro. Felipe se sintió abrumado entre tanto aplauso y tanta mirada, no entendía muy bien qué estaba sucediendo, y más grande fue su sorpresa aún cuando, una vez en la cafetería, apenas sentarse en la mesa, el camarero se le acercó y le soltó: «¡Ya era hora de que vinieras! ¿No?». Los quince días que pasaron juntos hablaron, vieron que congeniaban muy bien, que los sentimientos que se habían ido creando durante todo aquel tiempo se habían consolidado, que eran más importantes que la parte física, y que todo el tiempo en que habían estado chateando había servido para que ambos estuvieran muy preparados para asumir la imagen del otro. Durante todo el proceso que pasaron conociéndose a través del chat, se habían sentido totalmente comprometidos como novios, se sentían muy compenetrados y no podían pasar tiempo el uno sin el otro, sin hablar. Al poco tiempo, Marta, que viajaba bastante a España por su trabajo en la editorial, pero a Barcelona, decidió visitar a Felipe, para conocer su mundo, y se fue a pasar diez días a Madrid que fueron como una luna de miel. De hecho, la primera vez que se vieron, decidieron que querían estar juntos. Eso pasaba porque uno de los dos tuviera que cambiar de país, y finalmente, tras sopesar las situaciones globales de ambos a todos los niveles, decidieron que era mejor que Marta se mudara a Madrid e intentar luchar por un futuro en común en España. Ella entonces volvió a Chile a hacer todos los preparativos para su partida, despedirse del trabajo, hablar con la familia y preparar a su hijo, que se vino con ella a pesar de que no lo entendió ni aceptó demasiado bien. El chico, que entonces tenía 12 años, tras un año en Madrid prefirió volver a Chile, aunque ahora, que ya tiene 17 años, una novia y más madurez para entender la situación, viene a España de vacaciones e incluso está pensando en estudiar una carrera universitaria aquí una vez acabe el bachiller. La familia de ambos también sentía cierto recelo y desconfianza con la historia, pues hay que tener en cuenta que entonces las relaciones por Internet eran aún un fenómeno muy incipiente y desconocido, y clandestino para mucha gente. Pero Felipe y Marta apostaron por sus sentimientos y su intuición, y ella se mudó a Madrid en julio de ese mismo año 2000. Luego, tras consolidar la relación a través de una convivencia en la que pasaron cosas buenas y cosas malas, y de adaptarse y conocerse de forma íntima, decidieron casarse y celebrar la boda el 21 de diciembre de 2002, en Santiago de Chile. Actualmente, Marta y Felipe están convencidos de que estaban predestinados a conocerse, de que están hechos el uno para el otro, de que a pesar de los ajustes normales que han tenido que hacer para convivir, ninguno de los dos puede estar sin el otro, y de que ha sido el destino quien los ha llevado a encontrarse y a compartir una historia de amor mágica y llena de casualidades.

JORDI (29 AÑOS, SANT VICENÇ DELS HORTS, BARCELONA) Y CLOE (24 AÑOS, MÁLAGA)

Tras varios años de relación por Internet, dos pioneros del chat deciden casarse.

A mediados del año 2000, Cloe era una estudiante de filosofía de 19 años que vivía en casa de sus padres, quienes le regalaron su primer ordenador con conexión a Internet. A Cloe le habían hablado de los chats, y concretamente de un canal de chistes que había en la página web de Ozú, así que se metió para ver lo que era. Allí encontró a unos chicos que la encontraron muy graciosa por las cosas que decía, así que le pidieron la dirección de correo electrónico, que tuvo que crearse en el momento, pues aún no tenía, ya que su experiencia con el ordenador y con Internet era realmente poca y muy reciente. Luego, llegaron las fiestas de Málaga y ella no volvió a entrar en el chat, hasta que al cabo del tiempo, consultó su correo electrónico y vio que tenía un aviso de que la habían añadido al messenger. Ella no sabía lo que era exactamente, pero siguió todas las instrucciones que le daban e instaló el messenger en su ordenador. Empezó a hablar con los chicos que había conocido en el chat de Ozú, hasta que un día le dijeron que le iban a presentar a un chico, que era Jordi. Lo añadió a su lista de contactos y empezaron a hablar.

Jordi tenía ordenador, pero hasta entonces no se había conectado nunca a Internet, pues sólo lo usaba para hacer trabajos y para jugar. Un día descubrió Internet a través de unos amigos del pueblo donde vivía, y empezó a chatear con ellos en la página de Ozú y luego a través del messenger. Al principio, era un poco reacio a hablar a través de Internet con amigos a los que veía físicamente cada día. Poco a poco, insistiendo, lo fueron convenciendo. Inicialmente, le resultaba raro ese tipo de comunicación, hasta que se fue acostumbrando a verlo como algo normal, y empezó a buscar canales de chat en ICQ e IRC donde poder hablar de las cosas que le interesaban, sobre todo la música. Con el tiempo, llegó a conocer a gente de otros continentes. Intercambiaba música y se lo pasaba muy bien. Además, puesto que formaba parte de un grupo de heavy-rock, pudo distribuir las maquetas de los temas que estaban componiendo, para ver si podía salir algún concierto en algún lugar, especialmente en Sudamérica.

Cuando sus amigos le hablaron de una amiga de Málaga, él no dudó en añadirla a su lista de contactos en el messenger, y ella aceptó la invitación, pensando que si luego no le apetecía hablar con él pues sencillamente no le respondería a los mensajes. Y poco a poco empezaron a hablar. En ese momento, Cloe estaba manteniendo una relación un tanto extraña con otro chico que había conocido a través de Internet y que vivía en Valencia. Se habían visto en alguna ocasión, pero aunque al principio parecía que todo iba a ir bien, las cosas empezaron a enrarecerse y se enfriaron. Como ella se quedó bastante colgada de él, le contó a Jordi lo que le estaba pasando, para desahogarse. Éste la escuchaba y hablaba con ella para que no se sintiera mal; tenía la sensación de que Internet ayudaba a contarse historias de este tipo, que uno no se atreve a explicar cara a cara por la falta de confianza que se da al principio de una relación y que impide hablar a las claras. De ese modo, Internet permitía conocer mejor a la otra persona y verla como realmente era. En cuanto a ella, al no haber visto a la otra persona y no saber si algún día se iban a ver en persona, sentía que podía permitirse una sinceridad absoluta, y se expresaba y desahogaba con total libertad; consideraba que hablar con Jordi era como una terapia, un método catárquico, y no le importaba que fuera un desconocido al que no había visto nunca y al que probablemente nunca conocería físicamente. Incluso le contaba cosas que le hubiera dado vergüenza explicar a una amiga suya cercana, porque el hecho de que él estuviera en Internet lo convertía en una figura ilusoria. Para ella lo importante era encontrar en ese medio a gente dispuesta a escucharla, a pesar de no haberse visto jamás; era un canal para expresar lo que llevaba dentro.

En el caso de Jordi, el messenger y el chat suponían una oportunidad para expresarse libremente, pues siendo tímido y reservado, como se define a sí mismo, y sin haber tenido novia antes, el hecho de hablar por Internet le daba una confianza imposible en el cara a cara. A Cloe le contó muchísimas cosas acerca de sí mismo que no conocían ni sus amigos ni su familia, lo cual también era liberador. Por su parte, Cloe se sorprendió al conocerlo en persona y verlo tan comedido, porque no se correspondía con la persona abierta con la que ella hablaba a través de Internet.

En este proceso de confesiones a través del messenger estuvieron un tiempo, hasta que la relación amorosa propiamente dicha empezó un 10 de diciembre y, de hecho, por una tontería, un juego de palabras tras el cual empezaron a llamarse «cariño» y «amor» en broma. Poco a poco, se fueron dando cuenta de que lo que se estaban diciendo, en principio bromeando, empezaba a convertirse en algo serio. Empezaron a hablar hasta las tantas de la noche y a sentir atracción el uno por el otro, a pesar de que no se habían visto nunca, salvo en las fotografías. Por aquel entonces no se acostumbraba a enviar fotos a través de Internet, pues no había escáners disponibles tan fácilmente como ahora, ni cámaras digitales, pero ellos consiguieron enviarse fotos desde el primer día. Él le envió una foto con su grupo de música, y ella lo confundió con otro; ella le envió la única foto en la que salía favorecida, una foto de carné que le escaneó su hermano, y él la encontró muy guapa. De todos modos, ambos afirman que el aspecto físico del otro no les importaba, pues la conexión que sentían a través de Internet era lo suficientemente fuerte y poderosa.

A partir de ese momento, empezaron a hablar mucho más a través del messenger, todos los días, tardes enteras, e incluso llegaban a citarse a una hora concreta, cuando llegaban ambos a casa, para charlar. Ella en ese momento trabajaba las noches de los fines de semana, para ganar algo de dinero, y le resultaba traumático no poder estar con él, hablando a través del messenger. Algunas tardes empezaban a las cuatro y seguían hasta las nueve, cenaban, y después de cenar seguían hasta las tantas de la noche.

Los padres de ambos no sabían nada de que sus hijos estaban iniciando un noviazgo a través de este nuevo medio de comunicación, Internet.

A finales de diciembre, Cloe se fue a Valencia a visitar a su mejor amigo, que estaba atravesando un mal momento. Un amigo de Jordi, el bajista del grupo, que había hablado con ella y sabía que estaba en Valencia, le propuso ir juntos para conocerla en persona, y al día siguiente cogieron el coche y se plantaron allí. En ese momento, él sintió miedo, pues pensó que aunque por Internet hablaban y se entendían muy bien, no estaba seguro de que pasara lo mismo en el momento de encontrarse personalmente, y tenía miedo de que no tuvieran nada que decirse. Además, en ningún momento se habían planteado la posibilidad de un encuentro, ya que sólo chateaban y se mandaban algún mensaje SMS para ponerse de acuerdo en las horas.

Era el 23 de diciembre del 2000. Cloe se había pasado una semana de juerga en Valencia, durmiendo poco y saliendo mucho de fiesta, con lo cual, cuando supo que iba a llegar Jordi, estaba con una resaca tremenda y no tenía la cabeza como para plantearse nada relativo al encuentro. Quedaron para tomar algo junto con dos amigos y la expectación era grande. Al principio, él se mostró bastante tímido y se sintió muy cortado por la situación, pero luego se tomaron unas cervezas y poco a poco fueron intimando, e incluso se atrevieron a tomarse de la mano, a rozarse... Él cuenta que la noche antes de ir a Valencia no durmió y que cuando se vieron la primera vez la encontró menos guapa de lo que se imaginaba por la foto, pero también cree que era debido a que llevaba varios días de marcha. Ella, al principio, no pensó nada, pero poco a poco, a medida que pasaba la noche, se fue dando cuenta de que él era como le había dicho, que no era de otra manera a como se había imaginado tras todas las horas de conversación que habían pasado juntos, y que la conexión que ya tenían a través de Internet la tenían también en la vida real.

A esas alturas, incluso antes de verse, ya se sentían novios, pero el encuentro físico era para ellos la prueba de fuego, pues ambos eran muy conscientes de que si no había química a nivel corporal entre ellos, no podrían seguir adelante, se acabaría todo. Pero funcionó, y ella le robó un beso mientras hacía la maleta para marcharse. Pasaron la noche en Valencia y, a la mañana siguiente, Cloe volvió a Málaga, después de una despedida en la que se fue llorando. No hablaron de lo que ocurriría a partir de aquel encuentro tan corto e intenso, pero al menos les sirvió para darse cuenta de que también tenían afinidad a nivel físico.

Al volver a casa, siguieron con la dinámica de citarse en el chat para hablar. Ella lo empezó a pasar bastante mal porque, además de llorar fácilmente, echaba de menos el no poder abrazarlo, ya que es una persona que necesita mucho del contacto físico con el ser amado. Entre los amigos hubo quien lo entendió y quien no, pues Cloe era una persona que salía bastante y dejó de hacerlo por completo, ya que si salía no podía hablar con él, y priorizó siempre la relación con Jordi, aunque fuera a través de Internet, a todas sus amistades.

La siguiente vez que se vieron fue en el mes de marzo de 2001, en que él fue a pasar la Semana Santa en Málaga, a casa de ella. Los padres fueron comprensivos y, aunque a regañadientes, aceptaron que él se alojara en la casa familiar. Para ambos fue muy fuerte, porque era la segunda vez que se veían y él no conocía a los padres de ella. Y a la vez sentían que su relación estaba consolidada, porque además de compartir sus respectivas cotidianidades, muchas cosas importantes y trascendentales para la relación ya las habían hablado a través del chat. La entrada en la familia fue muy bien, pues todos se sintieron muy cómodos, y, tras esos días de luna de miel en los que no se separaron ni un minuto para nada, y durante los cuales hablaron mucho sin cansarse y tuvieron también silencios que no resultaron incómodos, se tuvieron que volver a despedir, algo muy doloroso para ambos. Se despidieron de nuevo llorando, pues tampoco sabían cuándo iba a ser la próxima vez que se iban a ver.

A partir de ese momento, cada vez que había un puente o una fiesta un poco larga, él aprovechaba para ir a verla en su coche.

Una de las veces, él tuvo un accidente que afortunadamente no tuvo consecuencias graves, y pudo seguir viaje hasta Málaga en un coche de alquiler. Los encuentros eran cada vez mejores y las despedidas cada vez más duras, hasta que en agosto, fue Cloe quien se desplazó a Barcelona para conocer a los padres de Jordi, quienes a esas alturas ya sabían que su hijo tenía una novia en Málaga. Pasaron las vacaciones de verano juntos, en una casa de la familia de Jordi, en Santa Margarida i els Monjos. Estuvieron quince días solos, haciendo vida de pareja, yendo a la playa, dando paseos y haciendo excursiones, disfrutando de estar juntos. Hasta que llegó el momento en que ella tuvo que volver a Málaga y se despidió de nuevo llorando.

Siguieron hablando por Internet todos los días y aprovechando los puentes y las fiestas para verse, hasta que a Cloe se le planteó la posibilidad de terminar sus estudios en otra ciudad, y pidió una beca Séneca para acabar la carrera en la Universidad de Barcelona. Se la concedieron y en septiembre de 2002 hizo las maletas y se fue a vivir a Barcelona, a casa de la familia de Jordi, donde la acogieron como a una hija más. Cloe fue muy valiente, pues lo dejó todo, familia y amigos, para irse a vivir con Jordi en Barcelona. En la casa de él les acondicionaron una habitación con una cama de matrimonio para que durmieran juntos, y así tuvieron su propio espacio de pareja donde convivir y aprender a superar así los roces típicos de una relación de pareja. La familia de Jordi tenía un terreno en el que empezaron a construirse una casa para vivir juntos, pero mientras se hacían las obras, que, como es natural en estos casos, fueron mucho más largas de lo previsto inicialmente, vivieron con la familia del chico. Por fin, en abril de 2004, se terminó la construcción de la casa y pudieron mudarse a vivir en su nuevo hogar. Tras comprobar que la unión entre ambos se consolidaba con la convivencia en pareja, decidieron casarse en octubre del 2005.

Tanto Cloe como Jordi creen que su historia de amor es excepcional y extraordinaria, pues gracias a Internet consiguieron vencer y superar todas las dificultades debidas a la distancia, y merced a la red se conocieron profundamente. Sin embargo, ninguno de los dos suele comentar que se conocieron a través de Internet, pues todavía hoy en día, cuando los encuentros a través de este nuevo medio ya no están mal vistos ni se consideran propios de personas con dificultades para mantener relaciones en la vida real, a mucha gente le sigue sorprendiendo. Nunca más han vuelto a conectarse a Internet y en su casa, en estos momentos, ni siquiera tienen línea telefónica.

FEDE (38 AÑOS, BARCELONA)

Un lugar donde conocer a mujeres interesantes.

Fede se separó hace dos años de la que fue su primera y única novia y su esposa durante más de diez años, y con la que formó una familia con dos hijos. Tras una separación difícil y dolorosa, pasó más de un año de duelo, hasta que un día, un amigo le habló de match.com y le animó a apuntarse. Hasta ese momento, Internet era para él un medio de comunicación que usaba únicamente en el trabajo. Éste, por otro lado, le ocupaba, junto a sus hijos, la mayor parte del tiempo, creándole la consecuente dificultad para conocer a otras mujeres y ampliar su círculo social, que se reducía a los compañeros de trabajo y los padres de los compañeros de colegio de sus hijos.

Así que una noche, al volver a casa después del trabajo, decidió asomarse al portal de encuentros y hacer una búsqueda. Al comprobar que los perfiles de las chicas que encontraba le resultaban interesantes, decidió superar los prejuicios que tenía acerca de este medio para conocer a gente, y dio de alta su perfil.

A partir de ese momento, empezó a cruzarse correos con chicas que le parecían que podían encajar con él, y alguna accedió a concertar una cita con él. Con una de ellas, una brasileña que hacía poco que se había instalado en Barcelona, mantuvo una relación durante seis meses que, desgraciadamente y tras conocerse más a fondo, no llegó a buen puerto. Desde entonces, Fede ha seguido apuntado a la web del match y ha conocido a numerosas mujeres por este medio virtual, con las que se ha ido viendo en la vida real. He aquí su opinión:

«Las vidas son como caminos que vamos trazando y que se cruzan con los de otros: en la calle, en el trabajo, en nuestros momentos de ocio... La vida nos lleva a coincidir en un momento dado con personas que nos pueden atraer o no, y en cada instante somos los actores, sujetos de nuestras acciones, y podemos actuar de una manera o de otra. Lo que incluye no hacer nada, o sólo mirar. Coincidimos con otros, es el azar el que hace que nos crucemos. La chispa puede saltar o no. O puede que captes esa atracción, pero que no actúes y la chispa se quede por saltar o se quede en nada, y después de un cruce de miradas, esa persona llegue a su parada y baje del autobús.

En ese sentido, para mí, un portal de encuentros es un lugar tan bueno como cualquier otro para coincidir. Te da la oportunidad de encontrar a personas que en otras circunstancias seguramente nunca habrías conocido. Tiene sus propias reglas y puedes cruzarte con gente de toda clase y ralea, como en cualquier otro sitio. Es todo un mundo. Pero nunca debemos olvidar que, al final, al otro lado, siempre hay una persona, un ser humano, con todas sus complejidades, bagajes y sentimientos. Además, aunque frío, te permite comunicarte, expresarte intelectualmente, intercambiar ideas, pensamientos. Ya ves. Encuentro este medio muy adecuado para un primer contacto.»

CRISTINA (34 AÑOS, BARCELONA)

Llevando una doble vida gracias a Internet.

Se suele decir que los hombres son, por lo general, mucho más promiscuos e infieles que las mujeres. Pero evidentemente, hay excepciones a la regla. Cristina es una de ellas. Tras varios años de noviazgo, se casó hace seis por todo lo alto, en una gran celebración a la que asistió toda la familia y amigos. Según ella, al principio, la vida de casados fue muy bien. Poco a poco, sin embargo, la vida en pareja y la convivencia instalaron la rutina en la cotidianidad de ambos, llegó el aburrimiento y muchas cosas se empezaron a dar por supuestas. Empezaron a magnificarse los defectos de cada cual, y todo aquello que durante el noviazgo parecía superable, empezó a convertirse en un escollo difícil de superar. Sin embargo, Cristina reconoce ser una mujer muy dependiente de su marido, y quererlo profundamente por muchas razones, de modo que la idea de separarse de él le resulta sinceramente insoportable y fuera de lugar.

Por otra parte, ella no estaba dispuesta a renunciar a su parte de pasión en la vida, y hace un año y medio decidió apuntarse a un portal de encuentros y colgar su perfil. Decidió no poner ninguna foto por razones obvias y empezó a mantener contacto a través del portal y del chat con algunos hombres. Al principio, lo vivió como una pequeña infidelidad que no llegaba a mayores, pues lo único que hacía era chatear y vivir una fantasía clandestina, pero poco a poco empezó a sentir curiosidad y excitación con la idea de ir un poco más allá, de traspasar los límites que le marcaba su moralidad. Así que decidió acceder a concertar una cita, pues a pesar de que siempre declaró estar casada, muchos chicos deseaban conocerla y tener un *affaire* con ella, debido a que esta situación, según nos cuenta, les daba un margen de libertad mucho mayor, pues Cristina no les exigía compromiso de ningún tipo debido a su situación personal.

Había pasado varios meses chateando con un chico al que ella había visto a través de fotos que él le había mandado, a pesar de que ella no le había enviado ninguna. Esa era una norma que imponía a todos sus ligues virtuales, no enviarles ninguna foto suya para impedir que imágenes suyas circulasen por la red y que, por mala fortuna, o esas casualidades de la vida, pudieran llegar a manos de su marido o de algún conocido que pudiera destapar el pastel. Tampoco facilitó nunca su teléfono móvil para evitar recibir mensajes cuando se encontrara con su marido. Se limitó a mantener correspondencia a través de Internet.

La primera cita que tuvo fue directamente en la cafetería de un hotel de Barcelona. Él se lo propuso a ella así, pues toda la comunicación que habían mantenido a través del messenger y del chat había estado muy marcada por un componente erótico y sexual muy fuerte. Se encontraron, tomaron una copa, charlaron un poco y luego subieron a la habitación, que él ya había reservado. Pasaron unas horas juntos, luego ella se vistió y se marchó antes que él, vigilando en todo momento que él no la siguiera. Nunca más se han vuelto a ver. Ella decidió desaparecer de la vida de él por completo y cortó toda la comunicación a través de Internet, a pesar de que él pasó bastante tiempo insistiendo en tener otras citas, asegurándole que no le iba a pedir ningún compromiso ni vinculación. Ella nunca le contestó.

Este encuentro la marcó bastante y pasó una temporada sumida en la culpabilidad, aunque su marido no se dio cuenta de nada. Tan sólo la encontró un poco más alicaída de lo normal, pero ella lo atribuyó a problemas y tensiones en el trabajo que, por lo demás, eran ciertas. Durante unos meses decidió no volver a entrar en el portal de encuentros ni contestar a los correos que le llegaban de los hombres con los que había estado chateando, para ver si podía mantenerse al margen de esa tentación.

Pero recayó. Un día en que su marido estaba de viaje, volvió a entrar y conoció a otro chico que le gustó mucho desde el principio, por el grado de complicidad que es estableció entre ambos desde el primer momento. Empezaron a chatear y, como siempre, ella le habló de su situación. Él no parecía tener prejuicios al respecto, pues a su vez estaba también casado y atravesaba un momento difícil en su relación de pareja. Estuvieron escribiéndose y hablando por chat durante un tiempo, sin verse, pues esta vez ninguno de los dos envió fotos al otro. Pero llegó un momento en que el deseo de conocerse en persona fue mucho más fuerte que los impedimentos morales, así que quedaron. Esta vez fue ella quien reservó habitación en un hotel y lo citó directamente allí. Sabía que corría un riesgo muy alto, pero eso la excitaba tremendamente. Él podía no presentarse a la cita, o al verse podía ocurrir que no hubiera ninguna química entre ambos. Pero no fue así. Él acudió y el encuentro fue espectacular. Más tarde, estuvieron hablando y se dieron cuenta de que se debía a la situación, y que fuera de esas paredes la relación entre ambos no tendría ningún sentido. Así que, una vez sentadas las bases de su complicidad, tras ese primer encuentro vino otro, y luego otro. Y a pesar de que intentaron dejar de verse muchas veces, la emoción de estar viviendo un romance clandestino fue mucho más fuerte, así que al final decidieron seguir con los encuentros fortuitos. Actualmente llevan seis meses citándose un par de veces al mes en un conocido hotel de citas de la ciudad condal, en horas intempestivas en las que ninguno de los cónyuges de ambos puede sospechar. Y siempre a través de Internet, un medio que les da a ambos confidencialidad total.

SERGI (28 AÑOS, BARCELONA)

Internet, el paraíso para los contactos gay.

Sergi, originario de Valencia, se mudó a Barcelona hace poco más de un año. Es diseñador gráfico y creador de páginas web, y trabaja como *freelance* desde su casa. Para realizar su trabajo no necesita más que un ordenador bien equipado y una línea de conexión rápida a Internet. Él, como muchas personas que trabajan por su cuenta, pasa largas jornadas frente al ordenador, y la semana laboral no viene marcada por el calendario habitual de lunes a viernes, sino que los sábados, domingos y festivos son días laborables, sobre todo cuando hay una entrega urgente. Es un trabajo muy solitario, e Internet se convierte en una maravillosa ventana al mundo a través de la cual comunicarse con otras personas. Tiene el messenger instalado en el ordenador para mantener conversaciones con gente a la que ya conoce, pues le parece un medio ideal para mantener el contacto con las personas que aprecia, ya que algunas de ellas viven lejos, incluso en otros países. El caso es que mientras trabaja no permanece conectado, pues al tratarse de un sistema bastante invasor no le permite mantener la concentración, y únicamente se conecta cuando hace pausas en el trabajo.

Lo que Sergi nunca cierra en su ordenador es la página web de Gaydar, el principal portal de contactos gay que hay en España a través de la red. Conoció esta página hace unos cuatro años, chateando, cuando Gaydar únicamente existía en Inglaterra, con centro neurálgico en Londres, donde empezó el fenómeno de los contactos gay a través de Internet en Europa. Al cabo de un tiempo, Gaydar abrió en otros países, entre ellos España, y hace tres años, Sergio dio de alta su perfil en la versión española del portal. Recuerda que al inicio no había mucho movimiento, o no tanto como en los portales equivalentes de otros países, pero poco a poco la afluencia fue aumentando, y Gaydar es actualmente la referencia entre los portales de encuentros gay.

Para él, este portal le da la posibilidad de conocer a otros chicos, ya sean de su ciudad o de cualquier lugar del mundo, con los que iniciar una relación de cualquier tipo. Y no se conecta únicamente para buscar pareja, pues en su vida en general no busca pareja, aunque eso puede suceder según el desarrollo que se produzca en la relación, ya que no está cerrado a nada. Cuando se conecta para visitar perfiles de chicos, lo primero que observa es su imagen a través de las fotografías, después se fija en la edad y la altura, y en si el chico es activo o pasivo a nivel sexual. También es muy importante para él la descripción que hace de sí y su anuncio personal, pues aunque por la foto le guste, le parece importante la manera de expresarse del chico. En todo el tiempo que lleva conectado, se ha puesto en contacto con muchísimos chicos, no sólo de España sino también de otros lugares del mundo, y esto le ha permitido, además, conocer a gente nueva en las distintas ciudades por las que ha viajado.

Cuando Sergi aún vivía en Valencia, se conectó una noche y encontró la ficha de un chico en Holanda que le gustó mucho. A pesar de que le parecía que estaba muy lejos, decidió ponerse en contacto con él, pues creyó que por decirle «hola» no perdía nada. El chico le contestó y a partir de ahí empezaron una relación mediante correo electrónico y el chat interno del portal Gaydar. Desde el principio, la conexión entre ambos fue muy fuerte y en seguida empezaron a hablar también por teléfono y a través de la webcam, hasta que por fin Sergi se decidió y se fue a verlo a Rotterdam. Se sentía bastante nervioso con el encuentro en el aeropuerto, pero todo sucedió de una manera muy natural. Pasaron una semana juntos en la que se entendieron muy bien y se produjo mucha chispa a todos los niveles. Cuando Sergi volvió a España, estuvieron una semana separados y luego aquel vino a visitarlo a Valencia después de una dura espera para ambos. Se dieron cuenta de que estaban hechos el uno para el otro y que deseaban estar juntos, así que tras dos visitas más de Sergi a Rotterdam, decidieron que el chico holandés se venía a vivir con él a Valencia. Estuvieron juntos ocho meses, pero tras la pasión vivida durante el romance a través de Internet y los viajes, llegó el día a día y la convivencia, la realidad de la vida en Valencia, los problemas idiomáticos, los problemas para encontrar trabajo y los celos, así que por fin decidieron separarse. No obstante, consiguieron preservar la relación afectiva y actualmente son buenos amigos.

Tras esta primera relación de pareja que se formó a través del portal de encuentros, Sergi ha tenido dos relaciones estables más, siempre con hombres extranjeros que conoció a través de Internet y con los que convivió. Actualmente, está sin pareja y mantiene relaciones esporádicas sin cerrarse a nada. Utiliza este portal de encuentros como una vía más para conocer a nuevos chicos, y como una ventana al mundo que le permite conocer a personas de los lugares a los que viaja, ya que le facilita ponerse en contacto con gente afín a él de las distintas comunidades gay que hay en todas las ciudades del mundo.

SONIA (42 AÑOS, BARCELONA)

Dos meses junto al Dr. Jekyll y Mr. Hyde.

Hace unos meses, Sonia decidió registrarse en match.com. Como a mucha otra gente, por el tipo de vida que lleva, con largas jornadas de trabajo y un círculo de amistades que en su mayoría está compuesto por parejas con hijos, le cuesta cada vez más ampliar su círculo social, así que pensó que un portal de encuentros podía ser una solución a su soledad.

Miró las distintas opciones de portales que hay en España, y finalmente optó por match.com. Creó un perfil, puso su anuncio, incluyó unas cuantas fotos actuales y a partir de ese momento empezó la avalancha de flechazos, mensajes de correo y peticiones de chat. Al comprobar que los perfiles que la contactaban eran de personas que se encontraban más o menos en la misma situación que ella, personas normales y corrientes, venció los prejuicios que tenía inicialmente sobre que lo que se iba a encontrar era gente con problemas para relacionarse y con historias raras. Empezó a mantener correspondencia con algunos hombres de su ciudad, incluso a quedar para tomar algo y charlar, y así poco a poco fue habituándose a este nuevo medio para conocer amigos.

Una noche, recibió un mensaje de un hombre que la contactaba desde Luxemburgo. Por la foto, le resultó un hombre muy apuesto, y su interés creció cuando consultó su perfil, pues se expresaba de una forma muy correcta y elegante, con mucho gancho, y parecía ser alguien con las ideas bastante claras. Decidió contestarle y empezaron a escribirse, hasta que llegó un momento en que él le pidió el número de teléfono, y empezaron a hablar por teléfono, además de escribirse. Él le dijo que era un alto cargo en el Ministerio de Economía de Luxemburgo, hablaba español perfectamente, además de cuatro idiomas más, y parecía una persona muy culta. La química entre ambos fue aumentando, y llegó un momento en que él le propuso acudir a Barcelona para conocerse en persona. Ella, a pesar de que la idea le producía mucho nerviosismo, accedió a que él viniera, pues a la vez estaba muerta de curiosidad y le apetecía vivir la aventura. Así que él se presentó en la ciudad condal ese mismo fin de semana, se alojó en un hotel y se citaron el mismo viernes por la noche. Salieron a cenar y la conexión que ya tenían por Internet se hizo más fuerte al estar el uno delante del otro. Esa noche no pasó nada sexual, pero volvieron a quedar el sábado por la mañana, y a partir de ese momento dieron rienda suelta a sus deseos. Sonia recuerda ese fin de semana como dos días de ensueño, y reconoce haber vivido algunos de los momentos más mágicos de su vida. Fueron juntos a varias exposiciones, pues a ambos les encanta el arte, comieron en los mejores restaurantes de la ciudad, tuvieron un sexo fantástico, y cuando él se marchó el domingo, parecía el fin del mundo para ambos, pues no concebían la idea de estar separados.

Así estuvieron algo más de dos meses, hablando por teléfono –siempre era él quien llamaba, pues aseguraba tener un sueldo que le permitía pagar las facturas de las llamadas de larga distancia y ella, sin embargo, tenía una economía más reducida–, él iba a visitarla fin de semana sí, fin de semana no, le traía regalos de Luxemburgo, entre ellos algunas joyas, y empezaron a planificar unas vacaciones en un paraíso tropical que él, aseguraba, iba a organizar para solaz de ella. Sonia estaba totalmente convencida de estar viviendo la mayor aventura de su vida y un romance en toda regla con una persona maravillosa que la correspondía al cien por cien.

Pero de repente, todo cambió. Un día ella ya no recibió ni una sola llamada de él, ni ningún mensaje, y asustada pensando que podía haberle sucedido algo grave, trató por todos los medios que se le ocurrieron de localizarlo, sin éxito. Pasó unos cuantos días tremendamente angustiada, sin saber qué hacer, consultando entre todos sus amigos cuál podía ser el motivo de semejante desaparición, llamando al Ministerio de Economía de Luxemburgo para preguntar por él. Pero nadie sabía de ese señor, nadie conocía a alguien con ese nombre que trabajara allí. Al final, triste, desistió. Hasta que cayó en la cuenta de que, por lo menos, a través de match.com podía saber si estaba vivo, pues es posible saber si la persona se ha conectado durante los últimos días o las últimas horas. Y, efectivamente, cuando se conectó, él también estaba conectado. Casi le dio un vuelco al corazón. Su primer impulso fue escribirle otro correo en ese mismo momento para despacharse a gusto, pero se le ocurrió algo mejor. Ni corta ni perezosa, creó otro perfil en el match, puso una foto que tenía de una amiga, mintió en la edad y el lugar de residencia, para evitar sospechas, y le envió una petición de chat, que él aceptó. Y empezaron a hablar. Ella fue muy cautelosa para que él no se pudiera dar cuenta de que era ella en realidad la que estaba chateando con él, y de manera muy astuta, a medida que se adentraban en la noche y se iba creando confianza, ella le fue sonsacando cosas de su pasado, de anteriores relaciones. Y él empezó a contar.

Le explicó que había tenido una historia con una mujer de Barcelona que estaba completamente chiflada y que además se había aprovechado de él, pues por culpa suya él tenía actualmente enormes problemas financieros, pues se había gastado muchísimo dinero en llamadas de teléfono, billetes de avión, invitaciones y regalos, y que por culpa de esa situación había perdido su trabajo y se encontraba en tremendas dificultades personales. Y que además se encontraba en una situación de acoso por parte de ella que lo había llevado a caer en depresión.

Sonia no podía dar crédito a lo que estaba leyendo y de repente empezó a sentir un terror horroroso, pues en un instante se ponía en cuestión todo lo que ella había vivido junto a esa persona. La historia de amor y pasión que ella había creído vivir no era más que una farsa, y le parecía que las palabras de ese hombre eran las de un completo extraño. Se dio cuenta de que había estado compartiendo su intimidad con una persona que tenía un trastorno grave de personalidad y, lo que es peor, no sabía qué intenciones podía tener con ella a partir de ese momento. Puso una excusa para acabar la conversación y dio de baja los dos perfiles que tenía en el portal de manera inmediata, para no dejar rastro. Esa noche no consiguió pegar ojo.

Al día siguiente, puso en conocimiento de lo que estaba sucediendo a todos sus amigos más cercanos, pues empezó a tener la paranoia de que ese hombre pudiera tomar represalias contra ella. Pensó si dar de baja la línea de teléfono, pero esperó unos días a ver si recibía alguna llamada, y al no tener más noticias de él, no hizo nada. Pero a partir de ese momento decidió no volver a entrar en ningún otro portal de encuentros ni a utilizar el medio Internet para conocer a gente nueva. Hoy reconoce que tuvo muy mala suerte, pero a la vez, éste es un claro ejemplo de ciertos peligros que pueden darse en el mundo virtual.

MANUEL (65 AÑOS, BARCELONA)

Una segunda adolescencia gracias a Internet.

Tras más de 30 años de una relación matrimonial convencional y tradicional, Manuel se dio cuenta de que el planeta está repleto de mujeres guapas e interesantes con las que mantener relaciones amorosas, y pensó que en la vida que había llevado durante tantos años había estado muy cerrado y perdiendo el tiempo. Ya divorciado de su primera mujer y tras alguna relación pasajera, oyó hablar del portal de encuentros match.com por casualidad, una noche en que estaba escuchando un debate por la radio y se hizo mención al tema de los contactos a través de Internet, poniendo como ejemplo este portal. En ese momento, apuntó la dirección en un papel y se olvidó por completo del tema, pero al cabo de dos semanas encontró el papel con la anotación y le picó la curiosidad. Entró en el portal de encuentros e hizo una búsqueda de mujeres entre 45 y 60 años. En los resultados le apareció la foto de una mujer que le pareció una auténtica belleza y tuvo ganas de seguir indagando. Siguió los pasos que le indicaban y dio de alta un perfil que según él tiene gancho, pues describe claramente y sin vergüenzas la persona que él es, lo que quiere, lo que busca, lo que le gusta, sus aficiones, etc. A pesar de que piensa que algún amigo o cliente suyo puede verlo en Internet, no le importa en absoluto lo que los demás puedan pensar, pues considera que tiene total libertad de expresarse en este medio como en cualquier otro.

Manuel es un empresario que reconoce que hasta hace poco tenía problemas de comunicación, pues por un lado dispone de poco tiempo para relacionarse con otras personas que no sean sus contactos de trabajo, en su gran mayoría hombres, y por otro no es una persona que suela frecuentar bares de copas ni tiene amigos con los que salir y hacer actividades en grupo. Llegó un momento en que se dio cuenta de que, en su vida cotidiana, no tenía demasiadas oportunidades para enrollarse con señoras, en buen plan y buscando siempre la pareja ideal. Por esta razón, Internet se le presentó como un medio estupendo para buscar a mujeres interesantes.

Al principio, cuando se dio de alta, reconoce que era tal la aglomeración de mensajes que recibía, que prácticamente no salía de casa en todo el fin de semana y pasaba muchas noches conectado. Llegó a la conclusión de que debía hacer algo para filtrar y quedarse con las mujeres que realmente le interesaban. Pensó que debía descartar los perfiles que no incluyeran fotografía. Empezó por leerlos todos y, si le parecían interesantes, mandaba un mensaje solicitando una foto. Pero llegó un momento en que decidió leer sólo los perfiles de mujeres que incluían la fotografía desde el principio. Aún así, si es la mujer quien se pone en contacto con él por algún motivo y en el perfil no tiene foto, él se la solicita para ver si le apetece seguir comunicándose con ella. Considera fundamental hablar con una mujer que le guste físicamente, pues la imagen le permite tener una idea en la mente de la otra persona.

Otro aspecto en el que se fija para aceptar o descartar un perfil es la edad. Quizá lo más importante para él es la manera de presentarse a través del anuncio personal, la puesta en escena original de una persona, y reconoce haber encontrado en verdad muy pocas que le hayan sorprendido, pues mucha gente repite la fórmula: «soy amiga de mis amigos», «dicen que soy femenina, romántica, cariñosa y sensual», etc. Una de ellas resultó ser una mujer con la que dice haber vivido una de las historias de amor más bonitas de su vida, que lo enganchó por dos frases que leyó en el anuncio: una en la que decía que le encantaban los trapos y otra en la que decía que le gustaría dormir abrazada a su hombre todos los días. Sólo por eso se dio cuenta de que le interesaba y decidió ponerse en contacto con ella, a pesar de que no entraba en la franja de edad que estaba buscando, pues era 18 años más joven que él.

Se inscribió en match.com en marzo de 2004, y tras unos primeros meses dedicando muchas horas a enviar y contestar mensajes a mujeres de todas partes de España: Vigo, Sevilla, Huelva, Madrid, Palma de Mallorca, Ibiza, etc., pensó que debía cambiar de táctica, pues según él, cuando se mantienen relaciones epistolares virtuales se crean muchas ilusiones por escrito que pueden ser muy bonitas, pero que en la mayor parte de las ocasiones se derrumban en el momento de conocer a la persona en la vida real. Esto le sucedió con una mujer de Marbella, tras ocho meses en los que se escribieron y hablaron por teléfono más de una hora todas las noches. Cuando decidió ir a visitarla para conocerse en persona y se encontró con ella cara a cara, se dio cuenta de que no había nada que hacer.

Por ello, actualmente Manuel sólo se relaciona con mujeres que viven cerca, esto es, en su misma ciudad o en los alrededores, y busca concertar una cita lo antes posible, para no perder el tiempo ni crearse falsas expectativas, y comprobar desde el inicio si hay química o no con la otra persona. En cuanto a las franjas de edad, él se relaciona con mujeres de entre 45 y 60 años, y al ser mayor, las más jóvenes le ven viejo, por lo que se ve obligado a engancharlas a través del mensaje que les envía, haciéndoles ver que a pesar de la edad, tiene un espíritu muy juvenil.

Antes de la cita, suele hablar por teléfono con la mujer que le interesa, pues a través de la voz y la forma de expresarse también obtiene mucha información acerca de su persona. Por la voz percibe el grado de educación, la facilidad de comunicación, la capacidad de escuchar, el carácter inhibido o desinhibido, etc. Y con los mensajes de correo electrónico también extrae información de la otra persona y se forma una primera idea de quién es. Suele comprobar que, por norma general, las mujeres con un alto nivel de estudios suelen expresarse mejor, aunque la profesión y el nivel de estudios no suelen ser cosas en las que él se fije, pues considera no tener prejuicios en ese aspecto.

Cuando es él quien establece el contacto, envía un mensaje que normalmente suele ser una plantilla estándar que se ha creado, en la que introduce algo distinto en cada caso, haciendo mención de ciertas cosas que la otra persona dice en su perfil y que él detecta que son importantes. De esta manera, le demuestra que realmente le interesa conocerla mejor y que se ha tomado el tiempo de leer su perfil atentamente y de fijarse en las cosas que ella dice. A partir de ese momento, si la mujer responde bien, él propone directamente concertar una cita para tener un contacto y ver qué tal va la cosa.

No tiene prejuicios tampoco con la religión, aunque se siente más cómodo con personas que se declaran ateas o agnósticas, y tampoco es un problema que fumen, pero sin embargo, no acepta establecer contacto con mujeres que vivan con perros o gatos, pues detesta los animales domésticos. En alguna ocasión se ha encontrado con mujeres que lo han criticado muy duramente a través del correo electrónico por este motivo, pues no aceptaron nada bien que él fuera tan claro y determinante en este aspecto. Por otro lado, lo que él cuida mucho es la educación y trata de responder siempre a los mensajes, pues cree que es lo mínimo que se merece la otra persona por haber hecho el esfuerzo de ponerse en contacto con uno. Cree que es muy importante cuidar las formas, ya que al ser un medio virtual resulta muy fácil relajarse y olvidarse de que al otro lado hay una persona con sentimientos y expectativas.

Prácticamente todas las mujeres que ha conocido de entre 45 y 60 años son mujeres separadas o divorciadas y con hijos, mujeres con experiencia emocional y que saben lo que quieren y lo que están buscando. Cree que las mujeres solteras de esas edades y que nunca se han casado ni tenido hijos están en crisálida, es decir, son menos maduras a nivel de pareja. Por otro lado, el inconveniente que encuentra en las mujeres de esas edades con hijos es que ejercen de madres y padres a la vez, y como además trabajan para mantener a la familia, disponen de muy poco tiempo, y las citas y la relación pueden ser un poco complicadas, pues no tienen libertad total ni la disponibilidad necesaria para vivir aventuras.

Normalmente, las citas duran entre dos y tres horas y él no tiene prisas por acabar y marcharse, a pesar de que desde el inicio sepa que con esa mujer no va a llegar a nada más. Le gusta dar pie a que se hable y se comparta ese momento, que de alguna manera le parece mágico, aunque ambos sepan que muy probablemente no van a volver a verse nunca más. Cree que escuchar lo que la otra persona tiene que decir y compartir un lapso de espacio y de tiempo con ella es un acto de respeto a la otra persona y hacia uno mismo, y ha comprobado que esas condiciones propician que las personas hablen de sus vidas, de sus experiencias, de sus preocupaciones y de sí mismas con muchísima sinceridad, lo que a menudo le resulta chocante y le deja perplejo, a la vez que le maravilla.

Al estar conociendo a varias mujeres a la vez, a menudo se lía un poco, y en el caso de empezar un romance con alguna, se encuentra con que debe mantener el contacto con las otras hasta ver si el romance va a más; pero en ocasiones se encuentra forzado a explicar su situación para que las mujeres con las que ha iniciado un proceso sepan a qué atenerse. Suelen ser momentos delicados y cada persona reacciona de manera distinta, pero él prefiere ser claro en este sentido, para no hacerle perder el tiempo a nadie. Esta postura le ha permitido ganar buenas amigas con las que, a pesar de no haber llegado a nada más en el terreno sentimental, luego se ha seguido viendo en un plano de amistad.

Manuel se dedicó intensamente a buscar pareja en Internet desde marzo de 2004, y conoció a bastantes mujeres con las que quedó para ir a cenar, a tomar algo o a ver algún espectáculo. También se desplazó a otras ciudades para comprobar si se producía la química necesaria y dar un paso más en la relación, aunque ninguna de esas relaciones fructificó. Y en septiembre de 2004 conoció por fin a una mujer que vive en su misma ciudad con la que tuvo una relación de pareja durante un año, lo que lo mantuvo apartado de los portales de encuentros. En septiembre de 2005, la relación se rompió y tras un corto lapso de tiempo de duelo, decidió no abandonarse ni sumirse en la tristeza, y reiniciar la búsqueda de su mujer ideal a través de Internet, pues confía plenamente en este medio que hasta ahora le ha dado tan buenos resultados.